Thomas Erbskorn-Fettweiß

Tiefenstruktur der Balance

Psychologie

Band 63

LIT

Thomas Erbskorn-Fettweiß

Tiefenstruktur der Balance

Umschlagbild: © Andreas Weidner

Gedruckt auf alterungsbeständigem Werkdruckpapier entsprechend
ANSI Z3948   DIN ISO 9706

Bibliografische Information der Deutschen Nationalbibliothek
Die Deutsche Nationalbibliothek verzeichnet diese Publikation in der
Deutschen Nationalbibliografie; detaillierte bibliografische Daten sind
im Internet über http://dnb.dnb.de abrufbar.

ISBN 978-3-643-14762-2 (br.)
ISBN 978-3-643-34762-6 (PDF)

© LIT VERLAG Dr. W. Hopf Berlin 2020
Verlagskontakt:
Fresnostr. 2   D-48159 Münster
Tel. +49 (0) 2 51-62 03 20
E-Mail: lit@lit-verlag.de   http://www.lit-verlag.de
Auslieferung:
Deutschland: LIT Verlag, Fresnostr. 2, D-48159 Münster
Tel. +49 (0) 2 51-620 32 22, E-Mail: vertrieb@lit-verlag.de

INHALT

Intro 1
Das Prinzip Balance – die vier Bereiche. 3
Fraktale Selbstähnlichkeiten. 7
Fraktale Selbstähnlichkeiten im Balancemodell 8
Hypothesen bilden. 9

A. Informationsverarbeitungssysteme 11
... im Bereich des Körpers und der Sinne 11
1   Wahrnehmung KSKS. 11
2   Bewegung KSL. 12
3   Kontaktorgane KSK 13
4   Erleben KSFZ 14
... im Bereich der Leistung: Lernprozesse 15
5   Können LKS. 15
6   Performance LL 16
7   Kooperativität LK 17
8   Zukunftsfähigkeit LFZ 18
... im Bereich des Kontakts: Begegnungen 19
9   Berührbarkeit KKS. 20
10   Teamfähigkeit KL 21
11   Empfehlung KK 22
12   Loyalität KFZ 22
... im Bereich von Fantasie und Zukunft: Mentale Modelle. 24
13   Realitätsbezug FZKS. 25
14   Entwicklung FZL. 27

INHALT

15 Beziehungsfähigkeit FZK 28
16 Bewusstsein FZFZ 30

Matrix 37
... der Fähigkeiten 38
... der Informationsverarbeitungssysteme 40
Fragenkatalog zur Erkundung der Fraktale 42
Entwicklung, Gesundheit und Heilung 43

B. Die Corona-Krise im Lichte des fraktalen Balancemodells . . . 47
Impact 48
Berührbarkeit 48
Gewohnheiten 50
Selbstbild 51
Die Haut 53
Informationskasten zum Ansatz der Aktualfähigkeiten 54
Unser Erleben 55

Ressourcen: Neues Weltbild und Koevolution 59
Unsere Beziehung zur Welt neu denken 59
Informationskasten zu Gregory Batesons Lerntheorie 59
Durch Loyalität und Fantasie Zukunft sichern 61
Informationskasten zum Prinzip Kooperation in der Ökotherapie . . . 63
Unser Bewusstsein entscheidet 64

Conclusio 65
1 Arbeiten Sie draußen, nicht in Räumen 65
2 Definieren Sie Leistung neu 67
3 Unterstützen Sie Kooperation 68
4 Helfen Sie bei existenziellem Stress 69
5 Reflexion 70

Inhalt

Literatur 72

Anhang 75
Theorie lebender Systeme nach Maturana und Varela 75
Self-Effectiveness Mentoring nach Dieter Jarzombek 77
Hamburger Zentrum für Positive Psychotherapie 79
Der Autor 80

Intro

Im Verlauf der Leitung des Grundkurses für die Ausbildung von Mentorinnen und Mentoren im Self-Effectiveness-System nach Dieter Jarzombek im Jahre 2019 entwickelte ich Differenzierungen und Erweiterungen für das Balancemodell der Positiven und Transkulturellen Psychotherapie (PPT) nach Prof. Dr. Nossrat Peseschkian, welches Teil der Ausbildungsinhalte war. Das Self-Effectiveness-System wurde von Dieter Jarzombek zur Persönlichkeitsentwicklung geschaffen und stellt die Selbsterfahrung im Sinne des erfahrbaren Selbst ins Zentrum der Arbeit.

Dieter Jarzombek und Nossrat Peseschkian gilt mein großer Dank. Sie beide haben mich jeweils auf ihre Weise geprägt und es nicht zuletzt durch Kooperation miteinander ermöglicht, aus der Zusammenschau einen Ansatz zur geistigen Ökologie zu entwickeln. *„Wer alleine arbeitet, addiert, wer zusammen arbeitet, multipliziert."* (Nossrat Peseschkian). Das gilt auch für meine Frau, Kathrin Fettweiß, und Dr. Hamid Peseschkian, denen ich gleichfalls herzlich danke. Sie leben das Prinzip Kooperation.

Darüber hinaus danke ich Bianca Rieskamp und Dr. Arno Remmers für den inhaltlichen Dialog, ihre wertvollen Rückmeldungen und die Korrektur der Texte.

Das vorliegende Werk richtet sich schwerpunktmäßig an Mentorinnen und Mentoren im Self-Effectiveness-System (SES), Praktizierende und Aus- und Weiterbildungsteilnehmende aus der Positiven und Transkulturellen Psychotherapie, der Tiefenpsychologie und in der Psychotherapie im Allgemeinen. Dabei kann es sich auch als besonders interessant für Kolleginnen und Kollegen aus den systemischen und hypnosystemischen Therapien und den integrativen Verfahren erweisen.

Viele interessierte Laien können sich über dieses Buch gleichfalls einen vertieften Einblick in das Thema Lebensbalance verschaffen. Nossrat Peseschkian hatte seine Überlegungen grundsätzlich im Rahmen seines Selbsthilfeansatzes für die Nutzung durch die breite Öffentlichkeit vorgesehen, ähnlich, wie es sich beispielsweise auch Carl Rogers für die Haltung und den personenzentrierten Ansatz in der Gesprächspsychotherapie gedacht hatte.

Die Corona-Krise hat mir Zeit gegeben, meine Gedanken aufzuschreiben. Dies war einer der Vorteile des Shutdown im Frühjahr 2020. Es gab Zeit zum Schreiben. Man kann voraussagen, dass einige Inhalte, die sich auf die gegenwärtige Situation beziehen, bei Erscheinen des Buches nicht mehr ganz aktuell sein werden. Jedoch sind die getroffenen Aussagen eher bleibender als vergänglicher Natur. Sie dienen vor allem dem Lernen aus der Krise.

Dipl.-Psych. Thomas Erbskorn-Fettweiß,
April–Juli 2020

Das Prinzip Balance – die vier Bereiche

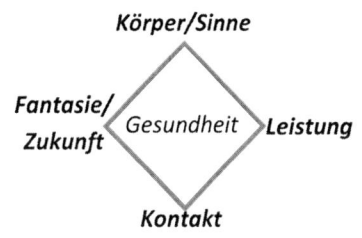

Das Balancemodell ist die Umsetzung eines Grundprinzips der Positiven Psychotherapie, nämlich des Prinzips Balance.

Es postuliert *ein dynamisches Gleichgewicht von vier Bereichen des Lebens über die Zeit* als Grundlage für Wohlbefinden und Gesundheitsentwicklung, Resilienz und Lebensqualität. Die Bereiche sind Körper/Sinne – Leistung – Kontakt – Fantasie/Zukunft und werden in Form einer Raute dargestellt. Der Ansatz ist ganzheitlich, salutogenetisch und ressourcenorientiert.

Erklärungswürdig

Viele Menschen, die erstmalig mit dem Balancemodell der positiven Psychotherapie nach Nossrat Peseschkian in Kontakt kommen, fragen sich, was die vier Bereiche beinhalten und was Balance über die Zeit eigentlich bedeutet. Es braucht in der Regel einige Zeit, um beobachtbare Phänomene und das Konzept miteinander in Verbindung zu bringen. Deswegen ist es sinnvoll, nachvollziehbare Erklärungsmodelle zu entwickeln, die die Tiefenstruktur dieses Ansatzes erhellen.

In dieser Lektüre wird die Kenntnis des Balancemodells in seinen Grundzügen vorausgesetzt (hierzu z. B. das Buch „Positive Psychotherapie" von Hamid Peseschkian und Arno Remmers, S. 41–53). Ich möchte aber an dieser Stelle zum besseren Verständnis noch einige Aussagen machen:

Ungleichmässiger Energie- und Zeitaufwand

Es ist augenfällig, dass Menschen sich mit den vier Bereichen des Lebens über den Tag verteilt sehr unterschiedlich stark beschäftigen. Während der *Körper* sich nachts regenerieren kann, wird ein Mensch, je nach individueller biologischer Leistungskurve früher oder später, die Aufmerksamkeit seiner *Leistung* im Tagwerk zuwenden, er wird also lernen und/oder arbeiten. Nach getaner Arbeit können dann *Kontakte* zu Familie oder Freunden gepflegt werden. Oder man wendet sich bedeutsamen persönlichen oder gesellschaftsbezogenen Anliegen zu, um seiner *Fantasie* Raum zu geben und/oder die *Zukunft* zu gestalten. Diese Bereiche überlappen sich im Tagesverlauf zeitlich und wechselwirken mehr oder weniger stark. Das ist individuell sehr unterschiedlich. Probleme gibt es in der Regel, wenn im Leben von Menschen manche Bereiche sehr einseitig im Vordergrund stehen oder unverbunden und fraktioniert nebeneinander stehen. Es gibt beispielsweise Leute, die gewohnheitsmäßig sehr stark darauf achten, dass Beruf und Privatleben strikt getrennt sind, während andere eine weitgehende Vermischung zulassen können oder müssen.

Homeoffice ist solch eine Vermischung. Im erzwungenen Homeoffice in Zeiten von Corona müssen viele Familien mühsam lernen, das ‚home' vom ‚office' im ‚home' zu unterscheiden, weil sie es nicht mehr strikt trennen können. Im familiären Alltag kann das im wahrsten Sinne des Wortes zu einem Balanceakt werden. Das ist angewandte Mengenlehre: Man muss aufpassen, dass die Teilmenge ‚office' nicht mit der Gesamtmenge ‚home' verwechselt wird. Bevorzugte Lösungen dieser Art von Problemen liegen darin, Räume erkennbar voneinander zu unterscheiden und die Dinge gemeinsam mit den Familienmitgliedern in eine sinnvolle Reihenfolge zu bringen, also nicht alles gleichzeitig angehen und es nicht jedem recht machen zu wollen.

Über die Schwierigkeit, es allen recht zu machen, hat Nossrat Peseschkian in seinem wohl bekanntesten Buch ‚Der Kaufmann und der Papagei' eine Geschichte erzählt.

„Ein Vater zog mit seinem Sohn und einem Esel in der Mittagsglut durch die staubigen Straßen von Keshan. Der Vater saß auf dem Esel, der Junge führte. ‚Der arme Junge', sagte da ein Vorübergehender. ‚Seine kurzen Beinchen versuchen, mit dem Tempo des Esels Schritt zu halten. Wie kann man so faul auf dem Esel herumsitzen, wenn man sieht, dass das kleine Kind sich müde läuft.' Der Vater nahm sich dies zu Herzen, stieg an der nächsten Ecke ab und ließ den Kleinen aufsitzen. Gar nicht lange dauerte es, da erhob schon wieder ein Vorübergehender seine Stimme: ‚So eine Unverschämtheit. Sitzt doch der kleine Bengel wie ein Sultan auf dem Esel, während sein armer alter Vater nebenher läuft.' Dies schmerzte den Jungen,

und er bat den Vater, sich hinter ihm auf den Esel zu setzen. ‚Hat man sowas schon gesehen?' keifte eine schleierverhangene Frau, ‚solche Tierquälerei! Dem armen Esel hängt der Rücken durch, und der alte und der junge Nichtsnutz ruhen sich auf ihm aus, als wäre er ein Diwan, die arme Kreatur!' Die Gescholtenen schauten sich an und stiegen, ohne ein Wort zu sagen, vom Esel herunter. Kaum waren sie wenige Schritte neben dem Tier hergegangen, machte sich ein Fremder über sie lustig: ‚So dumm möchte ich nicht sein. Wozu führt ihr den Esel spazieren, wenn er nichts leistet, Euch keinen Nutzen bringt und noch nicht einmal einen von Euch trägt?' Der Vater schob dem Esel eine Handvoll Stroh ins Maul und legte seine Hand auf die Schulter seines Sohnes: ‚Gleichgültig was wir machen', sagte er, ‚es findet sich doch jemand, der damit nicht einverstanden ist. Ich glaube, wir müssen selbst wissen, was wir für richtig halten.'" (Peseschkian, N., S. 130)

Diese Geschichte illustriert einige Eigenschaften nicht erfüllbarer Handlungsaufforderungen sowie die verheerenden Wirkungen, die die weitverbreitete Gewohnheit anrichtet, das Verhalten unserer Mitmenschen ständig zu kommentieren. Sie illustriert aber vor allem, dass es vielfältige Lösungen gibt, die vier Bereiche des Lebens in Balance zu halten, indem man das Verhältnis immer auf seine Angemessenheit hin überprüft und seine eigene Balance findet.

Einseitigkeit

Im Balancemodell liegt es nahe, Arbeit dem Bereich Leistung und Privatleben dem Bereich Kontakte zuzuordnen. Erholung, Sport, und Ernährung finden sich im Bereich Körper/Sinne, der persönliche Lebensentwurf und alles, was einem viel bedeutet, im Bereich Fantasie/Zukunft. Das ergibt eine erste, vereinfachte Annäherung an die innewohnende Systematik.

Wenn Menschen ihre Energie und Zeit einseitig nur in einen dieser vier Bereiche stecken, kann man sich leicht ausrechnen, dass auf Dauer in den anderen drei Bereichen Probleme auftauchen, die damit zu tun haben, dass sie dort *keine* Energie und Zeit reingesteckt, sie also vernachlässigt haben.

Für den Leistungsbereich ist der Tagesverlauf zwischen Arbeitnehmenden und Arbeitgebenden beispielsweise mit einem Acht-Stunden-Tag geregelt. Wir wissen, dass es kein Problem ist, ab und zu mal Überstunden zu machen. Wir wissen aber auch, dass Probleme entstehen, wenn wir über längere Zeit andauernd Überstunden machen und einen schwer abbaubaren

Berg davon anhäufen. Die Probleme, die man mit Überstunden im Leistungsbereich zu lösen versucht, führen dann mit der Zeit zu Problemen in den anderen Lebensbereichen und mit einer weiteren Zeitverzögerung zu Einschränkungen der Leistungsfähigkeit. Diesen zirkulären Effekt kann man aber nur beobachten, wenn wir den Zeithorizont für das Balancemodell von einem Tag auf eine Woche, einen Monat, ein Jahr oder ganze Lebensphasen erweitern.

Zeiträume

So, wie wir die Balance im Tagesablauf betrachtet haben, so ist es also möglich, mit dem Balancemodell unterschiedlich kurze oder lange Zeiträume zu untersuchen. Es ist sogar die ganz große Übersicht über die Lebensphasen möglich. Im Kindesalter steht die körperlich-sinnliche Entwicklung im Vordergrund, als Jugendlicher wird man sich seiner Leistungsfähigkeit bewusst, als Erwachsener versucht man sich zu binden und als älterer Mensch wird immer klarer, was wirklich wichtig ist.

Eine der stärksten Krisen, die Pubertät, ist u. a. dadurch bedingt, dass sich alle Bereiche sprunghaft gleichzeitig und nicht nacheinander entwickeln, Körper und Sinne, Leistungsvermögen, geschlechtliche Beziehungen und Identität, Selbstbild und Persönlichkeit. Es dauert eine ganze Weile, dieses Geschehen dann in Balance zu bringen. Manchen Menschen gelingt es gut, einigen nicht. Und immer wieder ereignen sich im Laufe des Lebens Entwicklungsschübe, die die Dinge aus dem Lot bringen und uns auffordern, ein neues Gleichgewicht zu finden. Also lohnt es sich, mit dem Balancemodell Entwicklungszeiträume zu untersuchen, die für unsere Fragestellungen in der Psychotherapie relevant sind.

Produktive Schieflagen

Humberto Maturana und Francisco Varela machen in ihrer Theorie lebender Systeme sehr deutlich, dass in einem perfekt ausbalancierten Gleichgewicht keine Entwicklung stattfindet (Maturana, H. & Varela, F., Der Baum der Erkenntnis). Genauso äußert sich schon viel früher Hans Selye in seinem Buch ‚Stress, Bewältigung und Lebenssinn'. Demzufolge sind Schwankungen und vorübergehende Schieflagen Ausdruck von Lebendigkeit.

Problematisch sind eher über lange Zeit chronifizierte Dysbalancen, die dann nach dem Prinzip ‚Steter Tropfen höhlt den Stein' die Gesundheit unterhöhlen. Wer beispielsweise Konflikte und Stress am Arbeitsplatz regelmäßig abends mit Alkohol bekämpft, wird mit der Zeit gereizter und gefährdet damit sein Familienleben und seine Zukunft. Wenn dann noch etwas Unvorhergesehenes, aber durchaus Voraussagbares, passiert, wie etwa der Verlust des Arbeitsplatzes, dann bricht die alkoholgestützte Balance zusammen.

Im Rahmen der tiefenpsychologisch fundierten und konfliktzentrierten Psychotherapie mit dem positiven Ansatz hat Nossrat Peseschkian häufig eine einfache Frage gestellt:

„Was ist in den letzten fünf Jahren auf Sie zugekommen?"

Die Antworten können dann unschwer ins Balancemodell eingeordnet werden. Es entsteht ein Bild der Person mit ihren Symptomen, Konflikten, Life-Events und deren Auswirkungen auf die vier Bereiche, schon gefundenen Lösungen und Ressourcen und damit ein für den gesamten weiteren Therapieverlauf nützliches und übersichtliches *Inventar*.

FRAKTALE SELBSTÄHNLICHKEITEN

Die Idee der Verwendung einer fraktalen Betrachtungsweise auf das Balancemodell der Positiven und Transkulturellen Psychotherapie nach Nossrat Peseschkian hat Prof. Dr. Varga v. Kibèd angeregt. Dieser untersucht die Wechselbeziehungen von Begriffen wie Ordnung, Wissen und Liebe, die ein System beschreiben (Varga v. Kibèd, M., Über das triadische System), mit Hilfe der fraktalen Betrachtung. Er bezieht sich dabei auf die Erkenntnisse des polnischen Mathematikers Wacław Sierpiński über selbstähnliche Konstellationen in Dreiecken. Verwendung finden hier vor allem die Erkenntnisse über die Selbstähnlichkeit von Gesamtstrukturen mit ihren Teilstrukturen, die sichtbar werden, wenn man den Maßstab vergrößert. Diese Herangehensweise aus der fraktalen Geometrie wird in Philosophie, Sozial- und Naturwissenschaften verwendet, um grundsätzlich wiederkehrende, in sich selbst verschachtelte Strukturen zu beschreiben. Wenn wir beispielsweise vom All aus eine Küstenlinie betrachten und dann ‚heranzoomen', so fällt die Ähnlichkeit der vergrößerten Bilder kleinerer Küstenabschnitte mit den großen Perspektiven ins Auge. Das Bild eines Küstenabschnitts vom All weist Ähnlichkeiten mit dem Blick aus dem Flugzeug auf. Nie gleich, aber ähnlich, führt interessanterweise die Vergrößerung des Maßstabs dazu, dass die Küstenlinie insgesamt länger ist, als die Maßstabvergrößerung es nahelegen würde, da sich immer mehr Details herausbilden. Das Adjektiv ‚fraktal‘ bedeutet ‚stark gegliedert‘ oder ‚vielfältig gebrochen‘.

Fraktale Selbstähnlichkeiten im Balancemodell

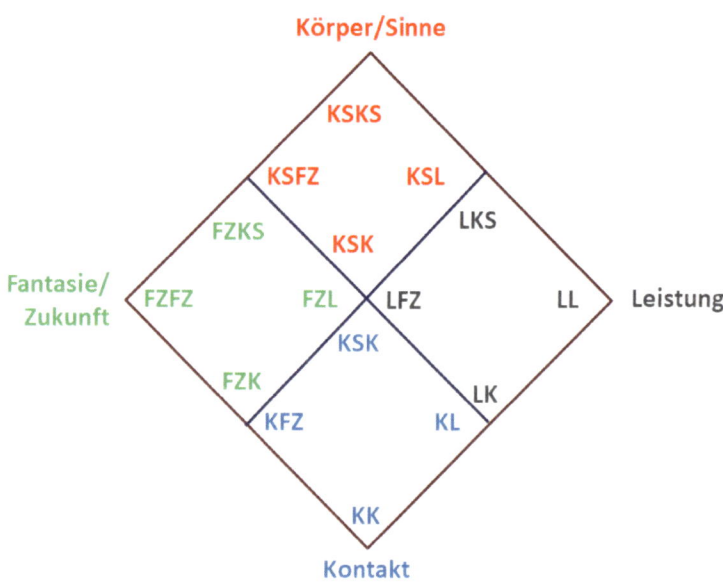

Thomas Erbskorn-Fettweiß, HZPP Basic Course 2019 im SFM

Es bietet sich an, das Balancemodell auf die gleiche Weise unter dem Vergrößerungsglas zu betrachten. Dann ergibt sich ein differenziertes Bild. Dazu muss man die Grundstruktur des Modells mit seinen Begrifflichkeiten Körper/Sinne (**KS**) – Leistung (**L**) – Kontakt (**K**) – und Fantasie/Zukunft (**FZ**) in die Raute selbst hinein vervielfachen. Dann setzen sich die Begriffe, die das Balancemodell bilden, automatisch zueinander in eine paarweise angeordnete Beziehung. Daraus ergeben sich sechzehn begriffliche Paarkonstellationen statt der vier Oberbegriffe, die die Inhalte des Balancemodells ausgesprochen differenziert abbilden können. Das Fraktal Körper/Sinne – Leistung beispielsweise hieße dann abgekürzt KSL, das Fraktal Körper/Sinne – Fantasie/Zukunft hieße KSFZ.

Hypothesen bilden

Das fraktale Balancemodell gibt seine Geheimnisse preis, wenn man sich ihm mit einer klientenbezogenen Fragestellung nähert. Es erleichtert gleichzeitig die Hypothesenbildung. Gute Hypothesen sind die Grundlage für gute Diagnostik und Interventionsplanung.

Wir wollen wissen, welche Probleme, Lösungen, Konflikte, Symptome, Ressourcen und Resilienzen in den vier Bereichen verortet sind und nutzen das fraktale Balancemodell, um diese Faktoren zu bestimmen. Dabei kommt es auf die Fragestellung oder den Fokus unseres Interesses an, welche Ergebnisse wir erzielen.

Wir setzen die vier Bereiche fraktal zueinander in Beziehung, um Erklärungen zu finden, warum eine anstehende Entwicklung behindert oder eingeschränkt ist (Hypothesenbildung in der Diagnostik) oder um die Erreichbarkeit einer erwünschten Veränderung vorherzusagen (Hypothesenbildung in der Interventionsplanung). Diese Betrachtung führen wir systematisch für alle sechzehn Begriffskombinationen durch.

Dazu gibt es im Vorwege allerdings noch einiges zu berücksichtigen.

Bedenke die Tücken des Störungsbegriffs

Ihnen wird auffallen, dass im Folgenden vermieden wird, von Störungen zu sprechen, sondern eher von außergewöhnlichen Entwicklungen, Besonderheiten, Einseitigkeiten, Ungleichgewichten oder Schieflagen. Das ist wichtig, weil in der mittelwertsorientierten Gesellschaft das sogenannte ‚Normale' als Prozess sozialer Konsensbildung erkennbar ist. Wir beobachten dann, dass Menschen *an beiden Rändern der Standardnormalverteilung* mit ‚außer/gewöhnlichen' Problemen zu kämpfen haben. Sie entwickeln in der Folge auch außergewöhnliche Bewältigungsstrategien. *Die Vorstel-*

lungen von Normalität prägen unsere Selbstbilder, obwohl wir uns alle von der Norm unterscheiden, unterschiedslos!

Dies kommt der ressourcenorientierten und transkulturellen Herangehensweise, die die Positive und Transkulturelle Psychotherapie ausmacht, sehr viel mehr entgegen als eine traditionell problemzentrierte und störungsorientierte Sicht.

Bedenke die Voraussetzungen für Therapieerfolg

Aus der Theorie lebender Systeme können wir ableiten, dass Entwicklung Voraussetzungen hat und *ein System nur Informationen verarbeiten kann, für die es auch ein Verarbeitungssystem hat.* (Siehe Anhang: Maturana, H. & Varela, F., Der Baum der Erkenntnis, S. 55 ff, S. 145ff, S. 185).

Informationsverarbeitungsgewohnheiten sind *strukturelle Voraussetzungen* für Veränderung. Sie befördern oder beschränken durch ihre Möglichkeiten und Grenzen unsere Entwicklungsmöglichkeiten. Solange jemand beispielsweise glaubt, er sei ein Versager, wird er Misserfolge produzieren, weil er die ihm zur Verfügung stehenden Informationen in diesem Sinne verarbeitet. Es muss also gründlich überlegt werden, wie die Informationsverarbeitung *durch geeignete Anstöße* weiterentwickelt werden kann, damit beispielsweise Heilung geschehen oder Therapieziele erreicht werden können.

Jeder Therapieerfolg wird durch die Entwicklung der Informationsverarbeitung bestimmt. Hier findet sich auch die Erklärung, warum Einsicht nicht zwangsläufig zu Verhaltensänderungen führt.

Therapie führt zu Veränderungen, wenn Klientinnen und Klienten lernen, Informationen anders zu verarbeiten als bisher.

Mit dem fraktalen Modell können wir die strukturellen Voraussetzungen für die Informationsverarbeitung unserer Klienten untersuchen und ihre Funktionalität erfassen. Und nicht nur das: Wir können auch unsere eigenen Anteile am Informationsverarbeitungsgeschehen als Handelnde in Therapie und Beratung erklären. Wir kennen dieses Geschehen menschlich als Empathie und Mitgefühl, therapeutisch als Übertragung und Gegenübertragung. Das hirnorganische Korrelat ist bekannt unter dem Namen ‚Spiegelneuronen'.

A. INFORMATIONSVERARBEITUNGSSYSTEME

INFORMATIONSVERARBEITUNGSSYSTEME IM BEREICH DES KÖRPERS UND DER SINNE

In den folgenden vier Begriffspaaren steht der *Körper im Vordergrund*. Die *sinnlichen Informationsverarbeitungssysteme (KS)* bilden die strukturelle Voraussetzung für die Phänomene und beobachtbaren Ereignisse in den vier Bereichen des Balancemodells. Dabei ergibt sich immer auch ein Paar, welches sich auf sich selbst bezieht. Natürlich: Es gibt körperliche Voraussetzungen für körperliche Ereignisse.

Die Informationsverarbeitungssysteme im Bereich Körper/Sinne sind *biologisch-physiologischer Natur.*

Die Abbildungen sollen helfen, den Bereich des fraktalen Balancemodells zu lokalisieren, um den es gerade geht.

1 WAHRNEHMUNG – KÖRPER/SINNE: KÖRPER/SINNE KSKS

KÖRPERLICHE VORAUSSETZUNGEN FÜR KÖRPERLICHE EREIGNISSE

Die *Sinnes- und Nervenzellen* des Körpers bilden als komplexes Informationsverarbeitungssystem die Grundlage für die Wahrnehmung von körperlichen Bedürfnissen wie Hunger, Durst, Schlaf oder die Orientierung im Raum, das Gleichgewicht und vieles mehr.

Hypothese: Hat sich das *Informationsverarbeitungssystem der Sinneszellen und des Zentralen Nervensystems* in außergewöhnlicher Weise entwickelt, so ist *die Wahrnehmung* verändert, was sich in vielfach verzweigter Weise in der Folge auf die Entwicklung auswirkt. Es entstehen komplexe Kompensationsmuster, die die Lebensführung ermöglichen.

Kompensation

Jeder Mensch kompensiert seine Schwächen mit Stärken. Das ist eine unserer Stärken. Andere Sinne übernehmen beispielsweise Funktionen meist sehr erfolgreich, wenn einer davon eingeschränkt ist, indem sie sich viel stärker ausprägen. Außerdem kompensieren andere Bereiche des Balancemodells: Beispielsweise wird sich ein Kind mit einer Raum-Lage-Störung körperlich und intellektuell gut entwickeln, braucht aber, um Leistung zu erbringen, Kompensationsmechanismen für die Orientierung und das Erkennen von Fehlern. Diese finden sich im Kontaktbereich und im Bereich Zukunft/Fantasie: Es werden Menschen gebraucht, die assistieren, mentale Modelle, um Leistungsfähigkeit angemessen zu definieren, und gesellschaftliche Werte, die das Recht auf Teilhabe sicherstellen, wenn es sich um eine Leistungsgesellschaft handelt, in der Leistungsfähigkeit Maßstab für Menschlichkeit ist!

2 Bewegung – Körper/Sinne: Leistung KSL

Körperliche Voraussetzungen für Leistung

Afferenzen und Efferenzen bilden im Zusammenspiel mit dem Muskelapparat das Informationsverarbeitungssystem für alle Arten von bedingten und unbedingten Reflexen, die unser System in die Lage versetzen, zu handeln, also: zu stehen, zu gehen, zu sitzen, Leistung zu erbringen, zu arbeiten ...

Hypothese: Gibt es Besonderheiten im *Informationsverarbeitungssystem, das die Nerven und Muskeln miteinander bilden,* so ist *die Bewegungsfähigkeit* verändert. Körperteile übernehmen kompensatorische Funktionen füreinander.

Funktionelle Hilfsmittel sind in der Zwischenzeit gut entwickelt, aber die Gesellschaft ist bei weitem nicht barrierefrei. Barrieren gibt es vor allem durch soziale Normierungsprozesse. Sie sind eben ein soziales Problem.

Die Hypnotherapie bearbeitet Bewegungsmuster sehr erfolgreich in der Vorstellung. Sie ermöglicht es dem Informationsverarbeitungssystem in Trance, sich Bewegungsabläufe zu (re-)organisieren, vorzubereiten und zu

3 ARTIKULATION – KÖRPER/SINNE: KONTAKT KSK

KÖRPERLICHE VORAUSSETZUNGEN FÜR KONTAKT

Über unsere Kontaktorgane stehen und treten wir funktionell mit der Umwelt in Verbindung. Die *Haut* ist das größte und primäre Kontaktorgan. Primär deshalb, weil wir durch Berührung Begegnung und Begrenzung erstmalig und immer wieder direkt erfahren. Ohne Berührung können wir uns nicht entwickeln. Darüber hinaus haben wir *Mund* und *Ohr* und die Sprechmuskulatur, die den Spracherwerb ermöglichen. *„Alles menschliche Tun findet in der Sprache statt."* (Maturana, H. & Varela, F., Baum der Erkenntnis, S. 365). *Sprache* als Medium des Informationsaustausches hat also körperliche Voraussetzungen, die funktionell mit Haut, Mund und Ohr zu tun haben. Hier geht es um die Fähigkeit zur *Artikulation.*

Hypothese: Besonderheiten der *Informationsverarbeitung im nonverbalen und verbalen Bereich* beeinflussen den *Ausdruck* und spielen eine große Rolle bei der Koevolution von Menschen und Kulturen.

Viele Mitglieder bestimmter Kulturen sind nicht in der Lage, die Laute der Sprachen anderer Kulturen hervorzubringen, weil sich ihre Sprechmuskulatur im frühkindlichen Stadium unterschiedlich entwickelt hat. Und viele Laute anderer Sprachen klingen für unsere Ohren anders, da wir gelernt haben, ihnen in unserer eigenen Sprache andere Bedeutungen zuzuschreiben; eine wunderbare Quelle für Kontaktschwierigkeiten zwischen Völkern und für den scheinbaren Nachweis der Stimmigkeit unserer Vorurteile. Autistische Menschen haben Schwierigkeiten, kontaktbezogene Signale anderer Menschen zu dekodieren, weil sie sie anders verarbeiten. Diese Menschen legen Wert darauf, dass ihre besondere Art der Informationsverarbeitung nicht besser oder schlechter ist als die sogenannte Norm, sondern eben anders.

4 ERLEBEN – KÖRPER/SINNE: FANTASIE/ZUKUNFT KSFZ

KÖRPERLICHE VORAUSSETZUNGEN FÜR FANTASIE/ZUKUNFT

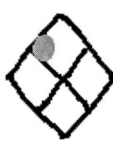

Der Körper ist das Instrument unseres Erlebens! Wir nutzen die Möglichkeiten unseres Körpers, um etwas auszudrücken und eine Information über Bedeutung zu vermitteln, die wir den Dingen zuschreiben. Wir nennen das Erleben! Alfred Korszybski (Korszybski, A., Science and Sanity) hat die *semantische Reaktion* beschrieben. Sprachliche Äußerungen bringen eine Reaktion des Organismus mit sich, so wie wir beispielsweise in einer ‚peinlichen' Situation rot werden können. Unser Körper ist eine wesentliche Grundlage unseres Selbstbildes und der Einschätzung der eigenen Handlungsmöglichkeiten, also der Selbstwirksamkeitserwartung. Er ist auch ein Energiesystem, welches seinen Zustand verändern kann und das auch willentlich oder unwillentlich ständig tut. Der Körper kann funktionale Alltagszustände genauso ermöglichen wie nicht-alltägliche Zustände etwa in Trance oder Ekstase. Die Hypnotherapie und die Körperpsychotherapien nehmen über dieses Instrument heilsamen Einfluss auf Erinnerungen und Emotionen.

Hypothese: Liegen Besonderheiten im *Informationsverarbeitungssystem des Körpers* vor, so ist *das Erleben* verändert.

Der Hypnosystemiker Gunter Schmidt weist auf die zentrale Bedeutung des Erlebens hin. *In unserem fraktalen Balancemodell ist Erleben die Wirkung unserer Erfahrungen auf uns selbst.* Da stellt sich die Frage, wer wir selbst sind, die wir das Leben erleben, also wie der Geist, der seinen Körper bewohnt, diesen als Informationsverarbeitungssystem nutzt. Diese Sichtweise setzt voraus, dass wir erleben (nicht glauben), dass in unserem Körper ein Geist wohnt. Es stellt ein erhebliches Problem dar, dass die meisten Menschen ihren Geist gar nicht erleben, außer wenn sie krank sind. Im Krankheitsfall oder bei Todesfällen stellen nämlich viele Menschen fest, dass sie anfangen, wenn es schlimm wird, einen Geist um Hilfe zu bitten, also spirituelle Ressourcen anzuzapfen. Aus Sicht des fraktalen Balancemodells heißt das, dass sie beginnen, ein Informationsverarbeitungssystem zur Verarbeitung von geistigen Informationen zu entwickeln. Manche sehen Geist als ZNS-gestütztes, komplexes Informationsverarbeitungssystem, während andere, wie Sir John C. Eccles, daran gearbeitet haben, die Geist-Gehirn-Brücke zu erforschen (Eccles, Sir J.C, Wie das Selbst sein Gehirn steuert, S. 17. und S. 260 ff). *Ich selbst nenne die verbreitete Trennung zwischen Körper und Geist Entfremdung und stufe sie als eine besondere Form der Behinderung ein.* Sie beruht in der Regel darauf, dass körperliche Informationsverarbeitungssysteme unterentwickelt, fraktioniert oder ganz oder partiell abgeschaltet sind und dies das Erleben einschränkt. Deswegen ist es wichtig, sich ab und zu mal eine Auszeit zu gönnen, damit man wieder „zu sich kommen" kann.

INFORMATIONSVERARBEITUNGSSYSTEME IM BEREICH DER LEISTUNG: LERNPROZESSE

In den folgenden vier Begriffspaaren steht die *Leistung im Vordergrund.* Jetzt bilden die *leistungsbezogenen Informationsverarbeitungssysteme (L)* die strukturelle Voraussetzung für die Phänomene und beobachtbaren Ereignisse in den vier Bereichen des Balancemodells. Dabei ergibt sich wie immer auch ein Paar, welches sich auf sich selbst bezieht. Natürlich: Es gibt Leistungen, die andere Leistungen voraussetzen.

Informationsverarbeitungssysteme im Bereich Leistung sind von ihrer Natur her *Lernprozesse.*

5 KÖNNEN – LEISTUNG: KÖRPER/SINNE LKS

LEISTUNG, UM DIE KÖRPERFUNKTIONEN AUFZUBAUEN UND ZU ERHALTEN

Benutzung und Anwendung des Muskelapparates ergeben Kraft und Ausdauer. Sie zu entwickeln erfordert das Trainieren der Muskeln und ihres Zusammenspiels. Werden die Muskeln nicht benutzt, atrophieren sie und sind dann nicht mehr nutzbar, wenn sie gebraucht werden. Eine gewisse Herausforderung ist also immer notwendig, um überhaupt handlungsfähig zu sein. Unterforderung ist genauso schädlich wie Überforderung.

Was für die Muskeln gilt, das gilt auch für die Nervenzellen, also insbesondere für unser bis ins hohe Alter ausgesprochen plastisches Gehirn.

Hypothese: Liegt hier eine Besonderheit der *Informationsverarbeitung bei Benutzung oder Anwendung* vor, beeinflusst es das *Können*.

Jemand, der beispielsweise aus beruflichen Gründen über Jahre die meiste Zeit des Tages sitzt, kann und sollte auch nicht aus dem Stand einen Langstreckenlauf zu laufen versuchen, da er sich damit in Lebensgefahr begibt. Deswegen heißt es heute in den Gesundheitswissenschaften: Sitzen ist das neue Rauchen. Um etwas zu können, müssen wir andere Dinge können. Und diese müssen wir wiederum verbinden können. Diesen Vorgang nennt man landläufig *Training*. Durch Training erweitern wir unser Können über die bisherigen Grenzen hinaus. Training ist systematische Erweiterung von Informationsverarbeitungsmöglichkeiten im Zusammenspiel von Körper und Geist.

6 PERFORMANCE – LEISTUNG: LEISTUNG LL
Leistung, um andere Leistungen zu erbringen

Üben, Planen und Vorbereiten sind Leistungen, die wir im Vorwege erbringen, um Leistungen zu ‚performen'. Alle schulischen, beruflichen und sportlichen Leistungen sind auf diese Weise an das konsequente Lernen durch Übung gebunden.

Hypothese: Liegen hier Besonderheiten in der *Informationsverarbeitung durch Üben und Vorbereiten* vor, so ist *die Performance* verändert.

Um ein Klavierkonzert aufzuführen, ist es beispielsweise notwendig, dass man den Veranstalter und ein Orchester akquiriert hat, die Stücke auswendig lernt, sie nicht nur technisch, sondern auch qualitativ-klanglich bewältigen kann, was wiederum voraussetzt, das man Noten lesen und Klavierspielen gelernt und die damit verbundenen Fingerübungen über Jahre und Jahrzehnte praktiziert hat. Es gab unter Bandmitgliedern besonders in der Rockmusikszene eine anzügliche Bemerkung, die diesem Umstand Rechnung trägt: „*Wer übt, fällt den Kollegen in den Rücken.*"

Ein guter Performer verbringt viel Zeit mit Üben, egal in welchem Bereich. Vielleicht ist es wichtig, an dieser Stelle über eine Besonderheit zu sprechen, die das Üben vom Aufführen unterscheidet: Beim Üben sind Fehler erlaubt. Fehler identifizieren die Stellen, an denen unsere Performance noch verbessert werden kann.

Aber wie ist es in der Familie oder am Arbeitsplatz, wo Üben nicht vorgesehen ist? Sind da Fehler erlaubt? Diejenigen, die Kinder haben, wissen, dass sie zwar Erziehung ‚performen' müssen, aber nie Gelegenheit hatten, richtig dafür zu üben. Es ist weiterhin bekannt, dass sich fehlerfreundliche Arbeitskulturen als langfristig resilienter erweisen als diejenigen, in denen Fehler nicht erlaubt sind. Oder wo etwas Schlimmes passiert, wenn ich einen Fehler mache, weswegen es besser ist, ihn zu verschweigen. Alle defensiven Routinen, von denen Chris Argyris (Argyris, C. in Fatzer, G., Organisationsentwicklung und Supervision, S. 109 ff) spricht, beruhen auf einem Mechanismus, nämlich der *Vermeidung von Gesichtsverlust*.

Es gibt einen großen Überschneidungsbereich zwischen Üben und Performen. Denn wir wissen auch erst, was wir üben müssen, wenn wir die Performance ‚vergeigt' haben. Übung und Performance verhalten sich komplementär wie Yin und Yang. Es fällt eben kein Meister vom Himmel.

In der Positiven und Transkulturellen Psychotherapie gibt es die Geschichte vom Wesir, der behauptete, die Performance eines Künstlers beruhe auf Übung. *Dies erregte den Zorn des Kalifen, der seinerseits behauptet hatte, das sei* Talent. *Für den aus dieser Unstimmigkeit erfolgenden Gefängnisaufenthalt erbat sich der Wesir ein Kalb in seine Gefängniszelle, das er täglich anhob, bis er so stark war, dass er das inzwischen erwachsene Rind mühelos anhob und damit eine gute Lehre für den Kalifen ermöglichte.* (Peseschkian, N. Der Kaufmann und der Papagei, S. 117)

7 KOOPERATIVITÄT – LEISTUNG: KONTAKT LK

Leistung, um Kontakte zu gestalten

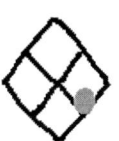

Viele Leistungen, die Kontakte gestalten, erfordern Zeit! Wir müssen uns *Zeit nehmen,* um mit Menschen in Kontakt zu kommen und zu bleiben. Wir müssen Verabredungen treffen und die *Zeit* mit einer gewissen Zuverlässigkeit *einhalten.*

Dann müssen wir noch die Reihenfolgen und Rangfolgen berücksichtigen. Das sind (Vor-)Leistungen für Beziehung.

Im Zeitalter der neuen Medien brauchen wir auch eine zumindest rudimentäre Medienkompetenz, um Kontakte über die digitalen Plattformen zu gestalten. Das erstreckt sich sogar auf die Partnersuche, die in der Zwischenzeit das Erstellen eines persönlichen Profils im Netz erfordert. Das sind ganz neue Arten von Leistungen für den Kontaktbereich.

Hypothese: Liegt eine Besonderheit *in der zeitbezogenen Informationsverarbeitung* vor, verändert sich *Kooperativität*.

Zeitbezug heißt hier, dass man sich für Beziehungen Zeit nehmen und gemeinsame Zeit auch gestalten können muss. Interessant hierbei ist, dass Leistung als Voraussetzung im Kontaktbereich etwas mit Zeit zu tun hat, nämlich sowohl mit dem quantitativen Zeitaspekt (Chronos, der Struktur der Zeit, also zum Beispiel ‚Pünktlichkeit'), als auch mit dem qualitativen Aspekt der Zeit (Kairos, dem Inhalt der Zeit, also der empfundenen Qualität der Zeit und dem richtigen Zeitpunkt). Kooperation kann beispielsweise nicht stattfinden oder zustande kommen oder oberflächlich und von kurzer Dauer sein, wenn Absprachen nicht funktionieren oder wenn man das sogenannte ‚Richtige' zur falschen oder das angeblich ‚Falsche' zur richtigen Zeit sagt oder tut. Das Beziehungsgeschehen kann dann von Entwertung oder Einsamkeit geprägt sein. In Arbeitsbeziehungen wäre dann die Teamarbeit beeinträchtigt. Kontakte haben also Eintrittsgelder und Preise. Kontaktdaten im Netz sind auch aus diesem Grund von unschätzbarem Wert.

8 ZUKUNFTSFÄHIGKEIT – LEISTUNG: FANTASIE/ZUKUNFT LFZ

Leistung, um die Zukunft zu gestalten

Lernen und Arbeiten sind Voraussetzungen für die Entfaltung einer einigermaßen vorhersehbaren Zukunft. Aaron Antonovsky konstatierte, dass dieser Umstand über das von ihm sogenannte Kohärenzgefühl die Gesundheit beeinflusst (Antonovsky, A. Salutogenese – Zur Entmystifizierung der Gesundheit). Man kann zumindest zum Teil die Entfaltung der Zukunft auf die eigene Leistung zurückführen.

Hypothese: Schieflagen in der *Informationsverarbeitung beim Lernen und Arbeiten* führen zu Veränderungen *der Zukunftsfähigkeit.*

Wenn Menschen beispielsweise so auf Leistung fixiert sind, dass sie nichts anderes mehr im Sinn haben, so ist die Zukunftsfähigkeit durch Einseitigkeit gefährdet. In Japan sind Todesfälle durch Überarbeitung lange Zeit durchaus an der Tagesordnung gewesen. Das Phänomen hat auch einen Namen: Karōshi. Hier kann man also des Guten zu viel tun und es gilt der Spruch: „Wer langsam geht, kommt auch zum Ziel, Hauptsache, er geht." Burnout ist in der Regel das Ergebnis einer unangemessenen Bewertung von leistungsbezogenen Signalen sowohl von sich selbst als auch aus dem Umfeld. Überhöhte Erwartungen gefährden körperliche und psychische Gesundheit gleichermaßen. Dabei erscheint Burnout weniger als Problem, sondern eher als eine Lösung für anders nicht lösbare Konfliktlagen.

INFORMATIONSVERARBEITUNGSSYSTEME IM BEREICH DES KONTAKTS: BEGEGNUNGEN

In den folgenden vier Begriffspaaren steht der *Kontakt im Vordergrund.* Jetzt bilden die *kontaktbezogenen Informationsverarbeitungssysteme (K)* die strukturelle Voraussetzung für die Phänomene und beobachtbaren Ereignisse in den vier Bereichen des Balancemodells. Dabei ergibt sich, wie immer, auch ein Paar, welches sich auf sich selbst bezieht. Natürlich: Es gibt Kontakte, die andere Kontakte voraussetzen.

Die Informationsverarbeitungssysteme des Bereichs Kontakt sind von ihrer Natur her *Begegnungen.*

9 BERÜHRBARKEIT – KONTAKT: KÖRPER/SINNE KKS

KONTAKT ALS VORAUSSETZUNG FÜR KÖRPERLICHE ENTWICKLUNG

Berührung ist für die körperliche, geistige und emotionale Entwicklung des Kleinkindes von existenzieller Bedeutung.
Die Stimulation der Haut ist eine primäre Grundlage für die Entwicklung von Bindung, Kontakt, Beziehung und sogar Wachstum. Vernachlässigung ist hier genauso wie Gewalt als schwere Form der Misshandlung mit voraussagbaren Traumatisierungsfolgen einzustufen.

Es ist auch überlebensnotwendig, mit den Mikroben der Umgebung in Berührung zu kommen, weil sie helfen, das Immunsystem aufzubauen. Überbehütende Schonung und Abschottung sind von Nachteil. Berührung bleibt das ganze Leben lang ein entscheidender Faktor, in Liebe, Partnerschaft und Sexualität genauso wie im Arbeitsleben, wo einfache Kontakte wie Handschlag oder Augenkontakt (was ich hier unter Berührung einsortiere) eine große Rolle spielen. Eric Berne konstatiert sogar im Rahmen der Transaktionsanalyse (Berne, E., Spiele der Erwachsenen, S. 15 ff), dass Menschen täglich ‚strokes' sammeln, um ihren Selbstwert zu stabilisieren. Daher kommen die sprichwörtlichen ‚Streicheleinheiten'. Berührungen scheinen überlebensnotwendig zu sein, denn man besorgt sie sich von seinen wichtigen Bezugspersonen auf jede erdenkliche Art und Weise, egal, ob sie positiv oder negativ, zärtlich oder schmerzhaft sind: Hauptsache, man wird berührt!

Hypothese: Liegt hier eine Besonderheit in der *Informationsverarbeitung beim Körperkontakt* vor, so verändert sich *die Berührbarkeit.*
Berührbarkeit ist eine Fähigkeit im Rahmen der sozialen Kompetenz, die es ermöglicht, Beziehung direkt zu erfahren und die Auswirkungen unserer Handlungen auf andere nachzuvollziehen. Sie ist eng verwandt mit der Empathie und der Sinnlichkeit im Allgemeinen.
Der Verlust von Berührbarkeit bedeutet Entfremdung. So ist es leichter, auf einen Knopf zu drücken und damit den Tod eines Menschen in mehre-

ren tausend Kilometern Entfernung herbeizuführen als selbst unter eigener Lebensgefahr zu kämpfen.

Die Entwicklungen der Digitalisierung und Globalisierung bringen eine Art Entfremdung mit sich, die mit *Erlebnisferne* oder *Wissen ohne Erfahrung* zu tun hat (Guggenberger, B., Das Menschenrecht auf Irrtum, S. 12) Da kann man eigentlich froh sein, dass Geflüchtete aus den Kriegsgebieten in unser Land kommen, um uns zu erinnern, wie es ist, wenn einen der Krieg direkt berührt. Auch die Trennung einer Partnerbeziehung per Kurznachrichtendienst in den sozialen Medien erscheint aus dieser Sicht als ein solches Entfremdungsphänomen.

10 TEAMFÄHIGKEIT – KONTAKT: LEISTUNG KL

KONTAKTE, UM LEISTUNG ZU ERBRINGEN

Problemlösen durch Teamarbeit ist im Leistungsbereich nicht wegzudenken. Die arbeitsteilige Zusammenarbeit im Team mit Menschen verschiedener Professionen, Qualifikationen und Arbeitspräferenzen (gewohnheitsbedingt bevorzugte Problemlösungsstrategien) ist notwendig, um Leistungen zu erbringen, die alleine nicht zustande kämen und die auch nicht durch einfache lineare Delegation von oben nach unten realisiert werden können. So entsteht eine ‚Arbeitsbeziehung', also eine Form der Beziehung, die nicht persönlich, sondern vorrangig inhaltlich besteht, aber natürlich trotzdem eine große Intensität entfalten kann.

Hypothese: Liegen hier Einseitigkeiten *in der Informationsverarbeitung bei der gemeinsamen Problemlösung vor,* so erschwert das *die Teamarbeit.*

Wenn man irrtümlicherweise Unterschiede in den Arbeitsweisen nicht als Reichtum erkennt, sondern als Problem einstuft, kommen Entwertungseffekte zustande. Diese erschweren Kommunikation und Informationsfluss. Oder wenn man in interdisziplinären Teams die eigene Sichtweise in der Kooperation verschiedener Berufsgruppen oder Schulen für die bessere oder einzig wahre hält, gibt es Probleme, die mit Identifizierung zu tun haben und meist in Verschwendung enden. Alle Beteiligten versuchen dann, die eigene Identität gegenüber den anderen aufrechtzuerhalten. Das kostet in der Regel nicht nur Zeit, sondern vor allem Geld und Energie. Die Informationsverarbeitung ist vorwiegend selbstwertdienlich.

11 EMPFEHLUNG – KONTAKT: KONTAKT KK
Kontakte als Voraussetzungen für Kontakte

Das Beziehungsgeflecht ist heute für den beruflichen Erfolg als Informationsverarbeitungssystem von grundlegender Wichtigkeit. Die dazu gehörige Tätigkeit heißt Netzwerken. Es gilt: *„Mache Dir Freunde, bevor Du sie brauchst!"* Noch viel grundlegender ist die Erkenntnis, dass der Mensch ein soziales Wesen ist und, ähnlich der Funktionsweise seines Gehirns, Kontakte an bestehende Kontakte ‚anbaut', also im Grunde von Empfehlungen profitiert.

Hypothese: Liegt hier eine *Besonderheit in der Informationsverarbeitung des Beziehungsgeflechts* vor, so verändert sich *die Empfehlung*.

Wer Freunde hat, die andere nicht mögen, die oder denjenigen werden sie häufig gleichfalls kritisch betrachten, es sei denn, sie sind besonders differenzierungsfähig. Beziehungen sind Empfehlungen für Beziehungen. Dieser Umstand ist einer der Gründe, warum den meisten Menschen eine ‚warme' Akquisition leichter fällt als die berühmte ‚Kaltakquise', bei der es keine Anknüpfungspunkte gibt.

12 LOYALITÄT – KONTAKT: FANTASIE/ZUKUNFT KFZ
Kontakte als Zukunftssicherung und Ausdruck von Fantasie

Koevolution ist das herausragende Entwicklungsmerkmal lebender Systeme. Sich verbinden und zusammen in einem gemeinsamen Umfeld entwickeln sichert das Überleben von Mehrzellern, wozu auch wir Menschen gehören. Es gilt der vom berühmten Stressforscher Hans Selye erstmalig beschriebene ‚altruistische Egoismus' mit dem Leitsatz: „Verdiene Dir das Wohlwollen Deines Nächsten." Loyalität scheint eine überlebensrelevante Eigenschaft zu sein. (Selye, H., Stress, Bewältigung und Lebenssinn, S. 179)

Hypothese: Liegt hier eine *Besonderheit in der Informationsverarbeitung des koevolutiven Systems* vor, so verändert sich *die Loyalität*.

Heiraten kann man als eine Investition in eine halbwegs berechenbare *Zukunft* sehen, die darin besteht, dass man eine Partnerbeziehung sehr stark absichert. Die meisten tun das nicht nur wechselseitig gegenüber dem Partner oder der Partnerin, sondern auch gegenüber dem Staat und viele sogar gegenüber dem, was sie als Gott bezeichnen. Die Absicherung besteht in Form eines Vertrages, der alle zukünftigen Denk- und Handlungsmöglichkeiten so ordnet, dass die Partnerschaft erhalten bleibt. Das definiert neue Möglichkeiten und Grenzen der Informationsverarbeitung. Es entsteht verbundene und verbindliche Koevolution.

Die Partnersuche hingegen ist ein Akt der *Fantasie*, denn viele versuchen, jemanden zu finden, der ihren ‚Träumen' entspricht, suchen also weniger nach einem Partner, sondern nach dem Bild eines solchen. Das führt häufig nach der Absicherung durch Heirat deswegen zu Problemen, weil Partnerinnen und Partner langfristig nicht dem Bild entsprechen, das man geheiratet hat. Die Zukunft ist mit einem echten Menschen abgesichert. So heißt es im Volksmund: *„Drum prüfe, wer sich ewig bindet, ob sich nicht doch was Besseres findet!"*

In der Arbeitswelt gibt es ein ähnliches Phänomen, bekannt unter dem Namen ‚psychologischer Arbeitsvertrag'. Dieser enthält die ungeschriebenen Erinnerungen an die ersten Gespräche und Kontakte beim Eintritt in die Firma und was dort über Arbeitsplatz, Arbeitsinhalte und Entwicklungsmöglichkeiten gesagt wurde. Das steht in der Regel nicht so im Arbeitsvertrag, ist aber Teil der Vereinbarung der Mitarbeitenden mit der Organisation und der weiteren Koevolution. Ändern sich die Rahmenbedingungen, gibt es häufig Loyalitätskonflikte. Wenn es gut läuft, werden Verträge neu verhandelt, erweitert, verbessert, verlängert usw. Wenn es schlecht läuft, arbeitet man sich an Loyalitätskonflikten ab, die wiederum ein erhebliches Verschwendungspotenzial mit sich bringen.

In dieses Fraktal gehört auch das Phänomen, dass Schüler in ein und demselben Fach bei einem Lehrer gut und bei einem anderen schlecht sind. Von Robert Rosenthal und Lenore F. Jacobson ist der Pygmalioneffekt bekannt und wissenschaftlich vielfach abgesichert, dass nämlich die ‚Macht der Erwartung' (also die Fantasie) dazu führt, dass beispielsweise Schülerinnen und Schüler statistisch gesehen langfristig so gut sind, wie die Lehrenden es von ihnen erwarten. Dies gilt auch für Untergebene von Chefs oder Kinder von Familien, Versuchsleiter und ihre Untersuchungsergebnisse und vieles mehr. In diesem Zusammenhang ist es interessant, dass gerade in Deutschland die soziale Herkunft eine starke Voraussage in Bezug auf die Entwicklung von Schülern erlaubt. Vielleicht ist es ein Problem gesellschaftlicher Loyalität.

INFORMATIONSVERARBEITUNGSSYSTEME IM BEREICH VON FANTASIE UND ZUKUNFT: MENTALE MODELLE

Ging es bisher um Körper, Leistung oder Kontakt, so steht in den folgenden vier Begriffspaaren *Zukunft und Fantasie im Vordergrund*.

Die Informationsverarbeitungssysteme des Bereichs Fantasie/Zukunft sind von ihrer Natur her *mentale Modelle*.

Jetzt bilden diese *mentalen Informationsverarbeitungssysteme* die strukturelle Voraussetzung für die Phänomene und beobachtbaren Ereignisse in den vier Bereichen des Balancemodells. Dabei ergibt sich, wie immer, auch ein Paar, welches sich auf sich selbst bezieht. Natürlich: Es gibt Fantasien, die andere nach sich ziehen, und Fantasien, die gewisse mentale Modelle voraussetzen.

An dieser Stelle erscheint es geboten, etwas über den Bereich Zukunft im Balancemodell der Positiven Psychotherapie zu sagen. Dieser sogenannte ‚*vierte Bereich*' beschreibt die Fähigkeit von Menschen, überhaupt eine Zukunft zu haben, indem sie versuchen, sie aus den bisherigen Erfahrungen und den Beobachtungen der Gegenwart hochzurechnen, also *Fantasie* zu haben. Häufig liegen sie damit richtig, sind aber nicht wirklich in der Lage, die Zukunft vorherzusagen. Das Problem ist, dass sie ihre Zukunft durch ihre Vorhersagen *mitgestalten*. Meist wundern sie sich dann über nicht berücksichtigte Einflussfaktoren mit rückbezüglichem Charakter aus der dann rücksichtslos erscheinenden Realität. Der Eindruck einer berechenbaren Zukunft ist eher ein Faktor für die Gegenwart von Menschen, den sie besonders als Voraussetzung für ihre seelische Gesundheit brauchen (Antonovsky, A., Salutogenese – Zur Entmystifizierung der Gesundheit, S. 34–36). Es ist *bedeutsam*, zu wissen, wer man ist, wie man das geworden ist und dass man das auch in Zukunft noch ist. Hier kommt die Dimension der Zeit wieder ins Spiel, eine Besonderheit des menschlichen Bewusstseins.

Besonders gut ist der Bereich Fantasie/Zukunft in Ernst Blochs Ausführungen über die konkrete Utopie und das Tagträumen nachzuvollziehen. (Bloch, E. ‚Das Prinzip Hoffnung'). So lauten einige Aussagen von ihm: *„Der Mensch ist immer ein Lernender, die Welt ist ein Versuch, und der Mensch hat ihm zu leuchten." „Denken heißt überschreiten." „Das Reich der Freiheit kommt auch nicht mit stufenweiser Verbesserung von Gefängnisbetten." „Das Beste, was das Christentum hervorgebracht hat, sind seine Ketzer."*

13 REALITÄTSBEZUG – FANTASIE/ZUKUNFT: KÖRPER/SINNE FZKS

MÖGLICHKEITEN UND GRENZEN SINNLICHER WAHRNEHMUNG

Das Körperbild, also unser mentaler Bezug zu unserem eigenen Körper, ist für uns von existenzieller Bedeutung. In der Psychosomatik ist klar geworden, dass Menschen an Bedeutungszuschreibungen krank werden können. Dies geschieht durch Zusammenhänge, wie wir sie schon oben in der semantischen Reaktion beschrieben haben. Unsere Gewohnheiten, Bedeutungen zu generieren, sind mentale Modelle und in diesem Sinne als Informationsverarbeitungssysteme zu verstehen. Die Psychosomatik beruht unter anderem auf dieser Erkenntnis. Körper und Geist des Menschen stehen in einer engen Wechselwirkung, vermittelt durch die Sprache und ihre Eigenschaft, den Dingen einen Namen zu geben und sie mit Bedeutung aufzuladen. Wie sonst sollte es möglich sein, dass sich jemandem der Magen umdreht oder dass ein Mensch an gebrochenem Herzen sterben könnte, oder dass sich jemand als halsstarrig erweist. Gerade die deutsche Sprache trägt diesen Wechselwirkungen Rechnung, sie ist ausgesprochen psychosomatisch.

So wird an diesem Punkt deutlich, dass unsere sinnliche Wahrnehmung keinesfalls realitätsbezogen, sondern durch unsere Voraussetzungen und Vorannahmen gefiltert ist. Unsere Sinne sind nur mittelscharf. Andere Lebewesen hören, sehen, tasten, riechen und schmecken sehr viel besser als wir. Aber wir begrenzen unsere Wahrnehmung zusätzlich noch durch unsere situativen Vorannahmen, um schnell handeln zu können. Wir urteilen schnell, wissen aber häufig nicht, ob es der Situation angemessen ist. Dies geht auf Kosten der Genauigkeit und häufig genug auch auf Kosten des Realitätsbezugs. So eröffnen uns unsere Sinne viele Möglichkeiten, die wir durch unsere Gewohnheiten, wie wir unsere Sinne einsetzen, wieder begrenzen. Dabei spielt die Sprache eine gewichtige Rolle, weil wir auch unser Körperbild mit der Art und Weise aufrechterhalten, wie wir mit uns und über uns selbst reden. Das ist der innere Dialog.

Hypothese: Liegt in diesem Prozess eine *Besonderheit in unserem Körperbild als Informationsverarbeitungssystem* vor, so ist *der Realitätsbezug* verändert.

Niemand von uns hat beispielsweise ein wirklich realistisches Körperbild von sich selbst. Frederick Matthias Alexander (1869–1955), der ‚Erfinder' der Alexandertechnik, hat das akribisch untersucht und herausgefunden, dass wir meist kein angemessenes Bild unser eigenen Haltung haben und dass wir in der Regel viel zu viel Kraft aufwenden, um einfache Bewegungen zu vollziehen (Alexander, F.M., Der Gebrauch des Selbst). Es erfordert viel Training und einen Spiegel oder eine Videokamera, um sich einem realistischen Körper- und Bewegungsbild anzunähern. Gerade an den Auswirkungen der konsequenten Anwendung dieser Übungen kann der Weg der Veränderungen gut nachvollzogen werden, die sich in der Folge durch alle Bereiche des fraktalen Balancemodells ziehen, und wie sich mit der Zeit die Leistung, die Beziehungen und die Haltung zum Leben verändern. Frederick M. Alexander war ein Schauspieler, dem ab und zu die Stimme wegblieb. Übungen, die als Lösung für den Leistungsbereich gedacht waren, in dem er tätig war, nämlich die professionelle Verwendung der Stimme, wirken sich auf die Ganzheit des Menschen aus, verändern das Bewusstsein und sind therapeutisch wirksam.

Anorexieerfahrene Menschen leiden sogar unter einer besonderen Verzerrung des eigenen Körperbildes. In der Therapie dieses Krankheitsbildes hat man interessanterweise gute Erfahrungen damit gemacht, die Menschen regelmäßig in einen engen Neoprenanzug zu stecken und damit über die

Druckempfindungen unseres Kontaktorgans Haut eine permanente Erfahrung der eigenen Körpergrenzen zu vermitteln, also eine Art Biofeedbackmethode. Sie führt zu einer Korrektur der Selbstwahrnehmung und beeinflusst das Krankheitsbild positiv.

14 ENTWICKLUNGSFÄHIGKEIT – FANTASIE/ZUKUNFT: LEISTUNG FZL

MÖGLICHKEITEN UND GRENZEN DER POTENZIALENTFALTUNG

Unser Selbstbild und die damit verbundenen Annahmen über unser eigenes Potenzial beeinflussen dessen Entfaltung. Wenn wir denken, dass wir etwas können, ist es leichter, es zu tun, als wenn wir denken, dass wir es nicht können. Seneca, der Stoiker, sagt: *„Nicht, weil es schwer ist, wagen wir es nicht. Es ist schwierig, weil wir es nicht wagen!"*

Dieser Prozess bewegt sich irgendwo zwischen Größenwahn und der biblisch-sprichwörtlichen Angewohnheit, sein Licht unter den Scheffel zu stellen. Die eigene Selbsteinschätzung ist das Informationsverarbeitungssystem, das die Entfaltungsmöglichkeiten des eigenen Potenzials bestimmt. Bei der Entstehung des Selbstbildes sind die Erwartungen anderer die einflussreichsten Faktoren, sodass man fast zu dem Schluss kommen könnte, wir seien so, wie die anderen es von uns erwarten. Faktisch handelt es sich um einen überlebensnotwendigen Wechselwirkungsprozess, da wir als soziale Wesen eine eigene Identität nicht ohne den Kontakt zu anderen entwickeln können, aber müssen. Es sind Rollenerwartungen, die uns prägen.

Es geht hier um die Frage, für wen wir uns halten, womit wir uns identifizieren oder was unsere Identität ausmacht. Ich unterscheide hier zwischen Identität und Identifizierung. Identität ist im Grunde dann, wenn ich mich mit mir selbst identifiziere. Besser gesagt: Identität ist, wenn ich mich selbst identifiziert habe, wenn ich also weiß, wer ich bin.

Hypothese: Liegt in diesem Prozess eine *Besonderheit der Informationsverarbeitung im Selbstbild* vor, so ist *die Entwicklungsfähigkeit* verändert.

Beispielsweise kann es sein, dass man regelrecht vom Weg abkommt, mit anderen Worten, dass man nicht der oder die wird, die oder der man eigentlich ist. Wahrscheinlich ist das der Grund, warum Jesus von Nazareth in der Bergpredigt die Menschen hat wissen lassen, dass man sein Licht nicht unter den Scheffel stellen soll. Prof. Dr. Annelie Keil hat in diesem Zusammenhang über *das ungelebte Leben* geschrieben. *(Keil, A., Wenn Körper und Seele streiken, S. 57–65)*

In diesem Bereich sind Arbeitsweisen wie die biografische Analyse oder die hypnosystemische Timeline-Arbeit ausgesprochen hilfreich. Sie helfen, die Geschichte des Informationsverarbeitungssystems zu rekonstruieren, welches unser Selbstbild bildet, und es zunehmend von dem zu unterscheiden, was unser Selbst tatsächlich ausmacht, wenn wir uns selbst erfahren. Das ist der Sinn von Selbsterfahrung. *Selbsterfahrung ist die kontinuierliche und realitätsbezogene Reorganisation der Informationsverarbeitung in Bezug auf sich selbst.*

Für kollektivistische Kulturen liegt es nahe, die Erzeugung des Selbstbildes durch Informationsverarbeitung, wie eben beschrieben, nicht (nur) in diesem Fraktal anzusiedeln, sondern vor allem im nächsten, nämlich im Kontaktbereich.

15 BEZIEHUNGSFÄHIGKEIT – FANTASIE/ZUKUNFT: KONTAKT FZK

MÖGLICHKEITEN UND GRENZEN DER BEZIEHUNGSGESTALTUNG

Heuristik ist als die bevorzugte Funktionsweise bekannt, auf deren Basis unser Gehirn arbeitet. Das menschliche Gehirn ist eben kein Computer, der mit Algorithmen arbeitet, sondern es steuert seine Erfahrungen aktiv durch Vorannahmen. Die Summe der chronifizierten Vorannahmen bildet unser *Weltbild.*

Menschen haben die ausgeprägte Angewohnheit, weitreichende Voraussagen über die Beziehung zu machen, die ein anderer zu ihnen haben könnte, ohne sie mitzuteilen, und dann auf Basis dieser Annahmen zu handeln. Paul Watzlawick erzählt dazu in seiner ‚Anleitung zum Unglücklichsein' sehr humorvoll die Geschichte vom Hammer:

"Ein Mann will ein Bild aufhängen. Den Nagel hat er, nicht aber den Hammer. Der Nachbar hat einen. Also beschließt unser Mann, hinüberzugehen und ihn auszuborgen. Doch da kommt ihm ein Zweifel: Was, wenn der Nachbar ihm den Hammer nicht leihen will? Gestern schon grüßte er ihn nur so flüchtig. Vielleicht war er in Eile. Aber vielleicht war die Eile nur vorgeschützt, und er hat etwas gegen ihn. Und was? Er hat ihm nichts angetan; der bildet sich da etwas ein. Wenn jemand von ihm ein Werkzeug borgen wollte, er gäbe es ihm sofort. Und warum sein Nachbar nicht? Wie kann man einem Mitmenschen einen so einfachen Gefallen ausschlagen? Leute wie der Kerl vergiften einem das Leben. Und dann bildet der Nachbar sich noch ein, er sei auf ihn angewiesen. Bloß weil er einen Hammer hat. Jetzt reicht's ihm aber wirklich. Und so stürmt er hinüber, läutet, der Nachbar öffnet, doch noch bevor er „Guten Morgen" sagen kann, schreit ihn unser Mann an: „Behalten Sie Ihren Hammer, Sie Rüpel!" (Watzlawick, P., Anleitung zum Unglücklichsein, S. 37)

Beziehungsfähigkeit besteht also darin, vergleichsweise vorurteilsfrei und immer wieder vorurteilsarm anderen Menschen zu begegnen, um nicht diversen selbsterfüllenden Prophezeiungen aufzusitzen.

Hypothese: Liegt in diesem Prozess eine *Besonderheit in der Heuristik* vor, so ist *die Beziehungsfähigkeit* verändert.

In diesem Segment müssen wir über Angst sprechen. Angst begrenzt unsere Beziehungsfähigkeit. Mentale Modelle, die auf Angst basieren, verzerren unser Beziehungsangebot, weil sie die Überprüfung, ob die Angst berechtigt ist, wegen genau dieser Angst ausschließen. Es ist folglich schwer ‚für wahr zu nehmen', dass die eigenen, angstgesteuerten Beziehungsangebote das Beziehungsangebot anderer beeinflussen.

Dasselbe gilt natürlich auch für andere Gefühle wie etwa Ärger oder Wut. Bei Cholerikern ‚legitimiert' deren wütendes Beziehungsangebot die Wut in einem *Zirkelschluss*, weil sich andere natürlich entsprechend reserviert ihnen gegenüber verhalten.

Aufschluss über diesen Vorgang gibt die geniale Beobachtung der Angstdynamik in Uderzos und Goscinnys Band ‚Asterix und die Normannen', die keine Angst kennen, und deswegen zu den Galliern kommen, um Angst haben zu lernen. Sie haben nämlich gehört, dass Angst Flügel verleihe, und wollen gerne fliegen können. Die Begegnung zwischen dem

Häuptling der Normannen mit dem ‚Meister der Angst', den sie schließlich fangen, endet mit folgendem Dialog:

„Mach uns Angst!" – „Aber ihr macht doch mir Angst!" – „Wie kann ich etwas machen, wovon ich keine Ahnung habe?" (Goscinny, R., Uderzo, A., Asterix-Reihe Band 9, S. 21–22)

Dies ist eine der entscheidendsten Menschheitsfragen: Wie machen wir etwas, wovon wir keine Ahnung haben?!

Die meisten unserer heutigen Menschheitsprobleme folgen diesem Muster. Dies gilt nicht nur für die Beziehungen der Menschen untereinander, sondern auch für die Beziehung zu ihrer eigenen und sie umgebenden Natur. Während der Corona-Pandemie hieß es von Seiten der Politik und der Epidemiologen: *„Wir fahren auf Sicht"*. Jesus äußerte sich in dieser Angelegenheit, indem er ausrief: *„Herr verzeih' ihnen, denn sie wissen nicht, was sie tun!"*

Das Informationsverarbeitungssystem der Normannen ist jedenfalls völlig durcheinander und trotzdem selbstbestätigend. Es ist in sich konsistent, aber falsch.

16 BEWUSSTSEIN – FANTASIE/ZUKUNFT: FANTASIE/ZUKUNFT FZFZ

MÖGLICHKEITEN UND GRENZEN DES BEWUSSTSEINS

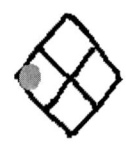

Spiritualität ist der vierte Bereich des vierten Bereichs. Im fraktalen Balancemodell können wir Spiritualität als Informationsverarbeitungssystem für außersinnliche Informationen betrachten, die also das nicht sichtbare, hörbare, fühlbare und trotzdem erfahrbare Geistige betreffen.

Es geht um die *Erfahrung*, die wir mit Geist haben oder zumindest haben könnten, wenn unsere mentalen Modelle es zuließen. Geistige Erfahrungen sind den meisten Menschen bekannt, aber sie erklären sie häufig als nicht existent, weil sie nicht materiell sind. Erst, wenn es um die Existenz geht, fangen sie an, umzudenken. Erst der Tod oder im Vorwege der Gedanke an den Tod erinnern die Menschen daran, dass es möglicherweise noch etwas anderes geben könnte als das, was sie mit ihren äußeren Sinnen begreifen können. Krankheiten und Krisen sind dem Tod insofern ähnlich, als dass sie das gewohnheitsmäßige Weiterfunktionieren der Informationsverarbeitungssysteme nicht mehr erlauben und in schweren Fällen sogar beenden, sodass der Mensch seine mentalen Modelle wieder ganz neu einrichten muss. Die sufische Idee vom „Stirb, bevor Du stirbst" ist insofern keine Lebensregel oder Weisheit, sondern eher eine existenzielle Notwendigkeit, da menschliche Entwicklung ohne dieses Stirb und Werde nicht möglich wäre. Das ist urmenschlich. Der vierte Bereich des vierten Bereichs beinhaltet also die *existenziellen Fragen* des Menschseins.

Hypothese: Liegt in diesem Prozess eine *Besonderheit im Informationsverarbeitungssystem der Spiritualität* vor, so ist *das Bewusstsein* verändert.

PRIMING

Unser Bewusstsein ist in vielerlei Hinsicht geprimt. Priming ist der englische Begriff für Prägung oder weitgehende und unbewusste Konditionierung, also für eine *automatisierte Voreinstellung*. Priming ist auch eine hypnotische Technik, mit der subliminal eine Voreinstellung, eine Bereitschaft, evoziert werden kann. Der gegenläufige Prozess heißt Dekonditionierung und bezeichnet die Auflösung von automatisierten Verbindungen im Denken, Fühlen und Handeln.

DIREKTE ERFAHRUNG

Jenseits von Priming und Dekonditionierung liegt der Bereich der direkten Erfahrungen dessen, was ist. Wir können nicht so tun, als gäbe es das nicht, weil viele es erlebt haben. Aber in der Psychotherapie scheint diese Erfahrungsebene eine untergeordnete Rolle zu spielen, obwohl wir sie als Ressourcenbereich einstufen müssen. Menschheitsgeschichtlich ist es allerdings vielleicht sogar *der* Ressourcenbereich schlechthin, denn die Menschheit wurde am stärksten von Individuen entwickelt, die solche Erfahrungen gemacht haben. Faktisch ist Psychotherapie Bewusstseinsentwicklung, wenn sie nicht zu einem Reparaturbetrieb bei Leistungsminderung verkommen möchte. Also ist Spiritualität integraler Bestandteil von Psychotherapie.

Materialisten leugnen das Geistige und erklären Menschen gerne für verrückt, wenn sie außergewöhnliche geistige Erfahrungen gemacht haben. Im Kontext dieser Betrachtung dreht sich das allerdings in sein Gegenteil. Wir erinnern uns: Man kann nur Informationen verarbeiten, für die man auch ein Verarbeitungssystem hat. *Hat man für Informationen aus der geistigen Welt kein Verarbeitungssystem, so kann man deren Informationen auch nicht verarbeiten!* Vergleichbar ist Radioaktivität, die wir erst wahrnehmen, seit wir wissen, dass es sie gibt und der Geigerzähler erfunden wurde. Analog erschließt eine geistige Übungspraxis regelrecht ‚neue Welten' durch den Aufbau neuer Informationsverarbeitungssysteme im Bewusstsein. Wissenschaft kann Geigerzähler erfinden, aber außerkörperliche Erfahrungen oder Liebe kann sie nicht erklären. Das kann Religion übrigens auch nicht. Aber der Mensch kann es erfahren. Damit entsteht ein für ihn unerlässlicher Ressourcenbereich, nämlich sein Glaube. Zur Selbsterfahrung in diesem Bereich hat Charles Berner eine interessante Fragensequenz vorgeschlagen, die er in einem kontemplativen Prozess bearbeitet: Sage mir, wer Du bist. Sage mir, was Du bist. Sage mir, was ein Anderer ist. Sage mir, was Leben ist.

Spiritualität als Ressource

Schlussendlich haben wir mit Hilfe des fraktalen Balancemodells auch die Möglichkeit, zwischen Spiritualität und Religiosität zu unterscheiden, da sie hier in zwei verschiedenen Fraktalen angesiedelt sind. *Religiosität* findet sich im Fraktal Fantasie/Zukunft: Kontakt FZK, *Spiritualität* im Fraktal Fantasie/Zukunft: Fantasie/Zukunft FZFZ. Für die Psychotherapie ist diese Differenzierungsmöglichkeit sehr wichtig, weil sie zwar Bewusstseinsinhalte bearbeitet, aber gehalten ist, weltanschaulich neutral zu bleiben.

Anguruzuminabstafil

„Vier Männer, ein Perser, ein Türke, ein Araber und ein Grieche waren unterwegs zu einem fernen Ort. Sie stritten sich, wie sie das einzige Geldstück, das sie besaßen, ausgeben sollten. Ich möchte Angur *kaufen, sagte der Perser. Ich will* uzum, *meinte der Türke. Nein, ich will* inab, *sagte der Araber.*

Ach was, sagte der Grieche, wir sollten stafil *kaufen. Ein anderer Reisender, ein Sufi, der gerade vorüberkam, sprach sie an: Gebt mir die Münze. Ich werde einen Weg finden, Euer aller Wünsche zu erfüllen. Zunächst wollten sie ihm nicht trauen, dann aber gaben sie ihm die Münze. Er ging zum Stand eines Obsthändlers und kaufte vier Büschel Weintrauben. Da ist ja mein* angur, *sagte der Perser. Das ist doch genau das, was ich* uzum *nenne, rief der Türke. Sie haben mir* inab *gebracht, sagte der Araber. Ach was, sagte der Grieche, in meiner Sprache heißt das* stafil. *Die Männer ließen jeden Streit sein und teilten sich die Weintrauben."* (Shah, I., Die Sufis, Klappentext). Religiosität entspricht den unterschiedlichen Namen der angesprochenen Nationalitäten für Weintrauben, Spiritualität meint die Weintrauben selbst als Vorstufe vom Wein, der Essenz. Damit findet sich Religiosität im weltanschaulichen Bereich, welcher der sozialen Konsensbildung unterliegt und deshalb in der Kombination der Bereiche Fantasie/Zukunft und Kontakt angesiedelt ist. Spiritualität dagegen findet sich im Bezug von Fantasie/Zukunft auf sich selbst und betrifft das Bewusstsein der direkten Erfahrung des Seins, die von ihrem Wesen her *nicht konsensfähig* und damit dem Individuum vollkommen eigen ist. Dass sie trotzdem den Weintrauben entspricht, ist eine der faszinierenden Eigenschaften wahrer Spiritualität. Deshalb ist sie in der Psychotherapie eine der größten Ressourcen: Sie verwandelt am Ende Unterschiedlichkeiten in Gemeinsamkeiten, weil sie von ihrem Wesen her Synthese ist. Weltanschauungen dagegen enthalten Thesen und Antithesen. Im Sinne der operationalisierten psychodynamischen Diagnostik (OPD) wäre Spiritualität also als das höchste erreichbare Integrationsniveau zu verstehen, das am Ende alle konfligierenden Anteile des Lebens integriert. Wir können also im fraktalen Balancemodell unterscheiden zwischen Weltanschauung und Bewusstsein, eine Fähigkeit, die die geforderte weltanschauliche Abstinenz der Psychotherapie überhaupt erst ermöglicht. Dabei ist es nicht nur für Psychotherapeutinnen und Psychotherapeuten von Vorteil, wenn das Bewusstsein die Weltanschauung bestimmt und nicht umgekehrt.

Gesundheit und Spiritualität

An dieser Stelle muss auf eine wichtige Implikation dieser Differenzierungsfähigkeit hingewiesen werden: Nicht nur in der Weltgesundheitsorganisation (WHO), aber eben vor allem auch dort, gab es viele Versuche, Spiritualität als integralen Bestandteil der begrifflichen Definition von Gesundheit aufzunehmen und sie in die Strategien der Gesundheitsförderung mit einzubeziehen. Es gibt inzwischen in der wissenschaftlichen Forschung genügend Evidenz für einen solchen Schritt.

Einen guten Überblick über diesen Prozess gibt Ralph Marc Steinmann in seinem Buch über ‚Spiritualität – die vierte Dimension der Gesundheit'. Es gibt eine Vielzahl von Forschungsergebnissen zum Thema, bei denen allerdings eines auffällt: Häufig wird nicht oder nicht ausreichend zwischen Religiosität und Spiritualität unterschieden. Es ist nur klar, dass die gelebte Beziehung zu etwas, das größer ist, als der menschliche Verstand fassen kann, einen eindeutigen Beitrag zur Gesundheitsentwicklung und Krankheitsbewältigung von Menschen schaffen kann. Sie ist also unzweifelhaft als Gesundheitsressource zu werten. Dass sich die Idee spiritueller Gesundheit aber bisher nicht gleichberechtigt neben physischer, psychischer und sozialer Gesundheit durchgesetzt hat, liegt aus meiner Sicht auch daran, dass es eine undifferenzierte Vermengung von Religion und Spiritualität gibt, die dann *eben nicht* weltanschaulich neutral verhandelt werden kann, sondern Objekt von machtpolitischen Interessenverfolgungen der verschiedenen Gruppierungen wird, die auf die Gesundheitspolitik Einfluss zu nehmen versuchen. Steinmann zitiert Wilfried Belschner, der in seinem Modell der integralen Gesundheit Leitlinien für die Gestaltung des privaten und öffentlichen Lebens vorgeschlagen hat, die in diesem Zusammenhang sehr interessant klingen: *„Zielkriterium einer so verstandenen Gesundheitsförderung wird dann, dass eine Person unterstützt wird, eine Lebensführung zu beginnen und aufrechtzuerhalten, die die spirituelle Dimension in den Alltag integriert, und dass das öffentliche Leben hierfür unterstützende Strukturen aufbaut und bereithält." „Eine Handlung erfüllt dann das Zielkriterium der Gesundheitsförderung, wenn hierdurch die Getrenntheitserfahrung vermindert wird."* (Steinmann, R. M., Spiritualität – die vierte Dimension der Gesundheit, S. 107–108)

Eine zusammenfassende Definition spiritueller Gesundheit weist auf den im fraktalen Balancemodell leicht nachvollziehbaren komplexen Einfluss der Spiritualität auf die ganzheitliche Gesundheit hin: *„Aus Sicht der Gesundheitsförderung und Prävention kann spirituelle Gesundheit definiert werden als für Entstehung, Erhalt und Förderung der Gesundheit konstitutive Basisressource und Determinante, als Schutzfaktor in der Krankheitsprävention, als Coping-Strategie im Umgang mit allen Wechselfällen des Lebens, in allen Lebensphasen und Lebensbereichen, einschließlich der Krankheitsbewältigung sowie als therapeutischer Faktor im Heilungsprozess."* (Steinmann, R. M., Spiritualität – die vierte Dimension der Gesundheit, S. 150).

MATRIX

Das fraktale Balancemodell wurde als Cross-Over-Effekt zwischen Self-Effectiveness-System (SES) nach Dieter Jarzombek und Positiver und Transkultureller Psychotherapie nach Nossrat Peseschkian entdeckt. In der Zusammenschau bildet es eine Matrix, die verdeutlicht, was im Balancemodell enthalten ist, nämlich biologisch-physiologische Prozesse, Lernprozesse, Begegnungen und geistige Prozesse, die mit unseren mentalen Modellen wechselwirken. Das daraus ableitbare Wissen über die Entwicklung von Informationsverarbeitungssystemen und Fähigkeiten ist für Psychotherapeutinnen und Psychotherapeuten und generell Menschen, die mit Menschen arbeiten, von entscheidender Bedeutung. Im Self-Effectiveness-System (SES) nach Dieter Jarzombek geht es darum, in der Selbsterfahrung diejenigen Fähigkeiten gezielt zu entwickeln, die sich für eine gesunde Informationsverarbeitung als systemkritische Voraussetzungen herausgestellt haben und Mentorinnen und Mentoren in die Lage versetzen, diese Entwicklung bei anderen zu begleiten. In der Ausbildung von Psychotherapeutinnen und Psychotherapeuten kann dieses Wissen für die Nutzung in der Diagnostik und Interventionsplanung sowie die Analyse von Übertragungs- und Gegenübertragungsprozessen verfügbar gemacht werden.

MATRIX DER FÄHIGKEITEN

Fähigkeiten	Körper/Sinne	Leistung	Kontakt	Fantasie/Zukunft
	Biologisch-physiologische Prozesse	*Lernprozesse*	*Begegnungen*	*Mentale Modelle und geistige Prozesse*
Körper/Sinne	Wahrnehmung	Können	Berührbarkeit	Realitätsbezug
Leistung	Bewegung	Performance	Teamfähigkeit	Entwicklung
Kontakt	Artikulation	Kooperation	Empfehlung	Beziehungsfähigkeit
Fantasie/Zukunft	Erleben	Zukunftsfähigkeit	Loyalität	Bewusstsein

Matrix der Fähigkeiten als fraktales Modell

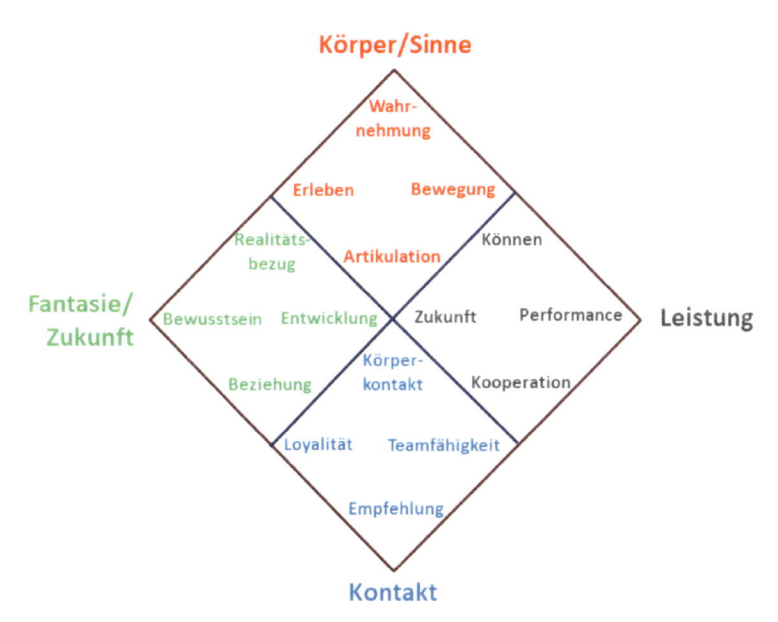

Körper/Sinne

Wahrnehmung

Erleben · Bewegung

Realitätsbezug · Artikulation · Können

Fantasie/Zukunft · Bewusstsein · Entwicklung · Zukunft · Performance · **Leistung**

Beziehung · Körperkontakt · Kooperation

Loyalität · Teamfähigkeit

Empfehlung

Kontakt

Thomas Erbskorn-Fettweiß, HZPP Basic Course 2019 im SEM

MATRIX DER INFORMATIONSVERARBEITUNGSSYSTEME

Informations-verarbeitungs-system	Körper/Sinne	Leistung	Kontakt	Zukunft/Fantasie
Körper/Sinne	Biologisch-physiologische Prozesse	Lernprozesse	Begegnungen	Mentale Modelle geistige Prozesse
Leistung	Sinnesorgane und ZNS	Benutzung und Anwendung	Körperkontakt	Körperbild
Kontakt	Nerven- und Muskelapparat	Üben, Planen, Vorbereiten	Gewohnheiten Arbeitspräferenzen	Selbstbild
Zukunft/Fantasie	Kontaktorgane Haut, Mund, Hand	Zeitbezug	Netzwerk, Beziehungsgeflecht	Weltbild und Heuristik
	Körper im Ganzen	Lernen und Arbeiten	Koevolution	Spiritualität

Matrix der Informationsverarbeitungssysteme als fraktales Modell

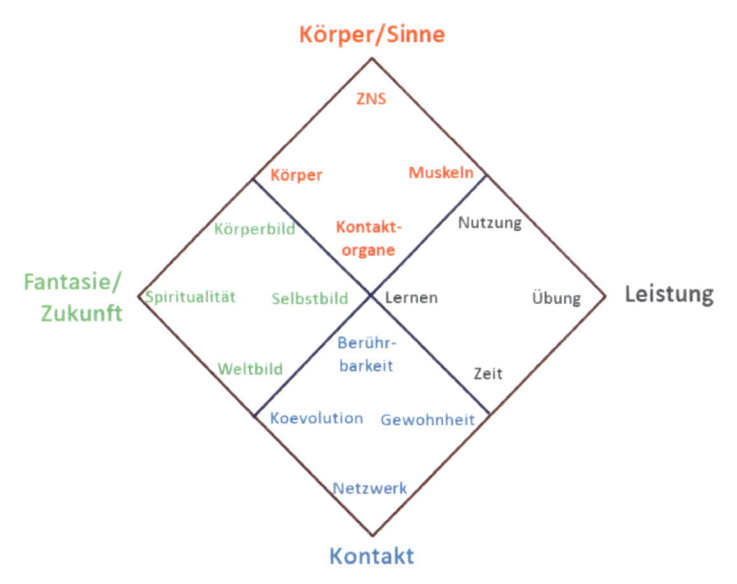

Körper/Sinne

ZNS

Körper — Muskeln

Körperbild — Kontaktorgane — Nutzung

Fantasie/Zukunft — Spiritualität — Selbstbild — Lernen — Übung — **Leistung**

Weltbild — Berührbarkeit — Zeit

Koevolution — Gewohnheit

Netzwerk

Kontakt

Thomas Erbskorn-Fettweiß, HZPP Basic Course 2019 im SEM

FRAGENKATALOG ZUR ERKUNDUNG DER FRAKTALE

1. Was genau nehmen Sie wahr und wie genau nehmen Sie es wahr?
2. Wie bewegen Sie sich, was bewegen Sie und was bewegt Sie?
3. Wie können Sie sich ausdrücken und was drücken Sie aus?
4. Wie erleben Sie Ihren Alltag und Ihr Leben?
5. Was können Sie und was trainieren Sie, um es zu können?
6. Wie üben Sie, wie bereiten Sie sich vor und was sagen Andere über Ihre ‚Performance'?
7. Für wen nehmen Sie sich Zeit?
8. Was und wer berührt Sie und wie berühren Sie Andere?
9. Wann ist für Sie des Guten zu viel und woran erkennen Sie das?
10. Wie lösen Sie gemeinsam mit anderen Menschen Probleme?
11. Wie viele und welche Freundinnen und Freunde haben Sie und wie steht es um Ihr soziales Netzwerk?
12. Wem sind Sie loyal? Wer sind Ihre Partnerinnen und Partner? Wie stehen Sie zu Familie und Gemeinschaft?
13. Welches Bild haben Sie von Ihrem Körper?
14. Für wen halten Sie sich und was, glauben Sie, könnten Sie erreichen, wenn Sie Ihr Potenzial entfalten?
15. Was denken Sie von anderen oder über andere Menschen? An welcher Tradition hängen Sie?
16. Wes Geistes Kind sind Sie und was soll über Sie gesagt werden, wenn Sie gestorben sind?

Entwicklung, Gesundheit und Heilung

Für die Psychotherapie ist wichtig, Folgendes im Wissen um die entscheidende Rolle der Informationsverarbeitungssysteme bei der Entwicklung von Menschen zu berücksichtigen:

Solange die Informationsverarbeitung so bleibt, wie bisher, bewegt sich nichts. Die Dinge bleiben so, wie sie sind.

Wenn sich aber unsere Wahrnehmung erweitert, verändert sich unser ZNS; wenn wir andere Bewegungen vollziehen, verändert sich unser Muskelapparat; wenn wir neue Kontakte knüpfen, verändert sich unser Beziehungsgeflecht; wenn wir etwas nutzen, verändert sich unser Können; wenn wir etwas ander(e)s üben, verändert sich unsere Performance; wenn wir anders kooperieren, gewinnen wir Zeit; wenn wir anders lernen, verändern wir die Zukunft; wenn sich unsere Berührbarkeit verändert, berühren wir andere anders; wenn wir unsere Gewohnheiten verändern, verändert sich die Zusammenarbeit; wenn wir unsere Empfehlungen verändern, verändert sich unser Netzwerk; wenn wir loyal sind, entwickeln wir damit unsere Partnerinnen und Partner; wenn wir Realitätsbezug entwickeln, verändern wir unser Körperbild; wenn wir uns entwickeln, entwickeln wir damit unser Selbstbild; wenn wir unsere Beziehungen entwickeln, entwickeln wir unser Weltbild; wenn wir unser Bewusstsein entwickeln, entwickeln wir unsere Spiritualität.

All das gilt jeweils auch umgekehrt. Es handelt sich um Wechselwirkungen. Und nicht nur das: Es handelt sich um komplexe Wechselwirkungen im gesamten fraktalen System. Eine kleine Veränderung der Informationsverarbeitung in einem dieser Fraktale kann Auswirkungen in allen anderen Bereichen evozieren. Diesen Effekt können wir in die Fraktale hinein beobachten und systematisch nachverfolgen.

In den sechzehn Sektoren, die durch die fraktalen Begriffskonstellationen entstehen, ergeben sich ganz im Sinne des oben angesprochenen Prinzips Hoffnung die Möglichkeit, Ressourcen, Resilienzen, Probleme, Konflikte, Lösungen und Symptome mit dem Ziel zu untersuchen, innerhalb der gegebenen Struktur die Anzahl der Handlungsmöglichkeiten zu erweitern. Wenn wir als Therapeutinnen und Therapeutinnen mit Klientinnen und Klienten arbeiten, müssen wir so handeln, dass die Chance entsteht, deren Informationssysteme oder sogar das System der Informationssysteme durch geeignete Anstöße oder Erweiterungen des Milieus in Bewegung zu bringen und sie damit neu zu ordnen. Hier liegt ein Grund, warum gute Ratschläge oder intellektuelle Einsicht nicht zu Verhaltensänderungen führen, solange sich die Informationsverarbeitung nicht verändert hat.

Deshalb gilt es nun in der Folge, auf dieser Basis Symptome und Krankheitsbilder zu untersuchen, Ressourcen und Resilienzen zu identifizieren, Konfliktlagen und ihre sozialen, mentalen und psychosomatischen Auswirkungen nachzuvollziehen und vieles mehr. Dafür stattet uns das fraktale System mit neuen Möglichkeiten aus, wenn wir auf der Suche nach differenzierter Analyse, Diagnostik und geeigneten Interventionsmöglichkeiten sind.

Wenn wir also den Spruch hören: *„Wenn Du etwas haben willst, was Du bisher noch nicht gehabt hast, dann musst du etwas tun, was Du bisher noch nicht getan hast oder etwas lassen, was Du bisher noch nicht gelassen hast"*, dann wissen wir nun: ‚Etwas anderes tun als bisher' ist deswegen wirksam, weil andere Erfahrungen unsere Informationsverarbeitung neu organisieren können und damit zu einer Erweiterung unserer Informationsverarbeitungssysteme beitragen.

Fangen wir also mit der Anwendung dieser neuartigen Sichtweise an. Und am besten starten wir mit dem aktuellen Weltgeschehen, das sich bestens dazu eignet: Die Corona-Krise und ihre Auswirkungen im Lichte des Fraktalen Balancemodells. Wir beginnen mit Beobachten. Was genau können wir in dieser Krise beobachten? Worauf genau wirkt sie sich aus? Die in vieler Hinsicht passende Geschichte zur Corona-Krise wird von Nossrat Peseschkian in seinem Buch ‚Der Kaufmann und der Papagei' (Peseschkian, N., S. 56) nacherzählt, das seinen Titel unter anderem der Poesie im Mesnevi des Mowlana Jalaluddin Rumi (1248–1317) verdankt.

Das Wunder des Rubins

„Ein Scheich erzählte im Kaffeehaus, dass der Kalif den Gesang verboten hätte. Ein Derwisch hörte dies, und sein Innerstes zog sich aus Trauer darüber zu einem Klumpen zusammen, und eine verzehrende Krankheit ergriff von ihm Besitz. Der erfahrene Hakim wurde an sein Krankenbett gerufen. Er fühlte den Puls, unter-

suchte ihn nach den Regeln seiner Kunst, doch konnte er die Krankheit nicht mit dem in Einklang bringen, was er in den großen Büchern der Medizin gelesen hatte, auch nicht mit den Erfahrungen seiner langjährigen Praxis. Der Derwisch hauchte sein Leben aus und der wissensdurstige Hakim schnitt den Leichnam auf. Er fand dort, wo der Schmerz den Derwisch am meisten geplagt hatte, einen großen Klumpen, der rot war wie ein Rubin. Als finanzielle Not ihn plagte, verkaufte der Hakim den Stein. Dieser wanderte von Hand zu Hand, bis er schließlich in den Besitz des Kalifen kam. Dieser ließ ihn in einen Ring einarbeiten. Eines Tages, als er wieder den Ring trug, begann der Kalif zu singen. Im gleichen Augenblick färbte sich sein Gewand blutrot, ohne dass sein Körper auch nur eine Verletzung gehabt hätte. Erstaunt sah er, wie sein Rubin brodelte wie heißes Öl und wie sich Blut über seinem Gewand ergoss. Erschrocken ob dieses Wunders, wollte er dem Geheimnis des Rubins auf die Spur kommen. Er ließ die früheren Besitzer des Steines der Reihe nach zu sich kommen, bis hin zum Hakim. Und dieser konnte ihm nun das Geheimnis erklären."

B. Die Corona-Krise im Lichte des fraktalen Balancemodells

Leere

Zu Beginn der Corona-Krise galten in vielen Bereichen des Lebens weltweit weitgehende Einschränkungen der Begegnung und der Bewegung im öffentlichen Raum bis hin zu totalen Verboten. Dieser Zustand hält in wechselnden Hotspots immer noch an, ein Ende ist zurzeit nicht absehbar. Das war die sichtbarste Veränderung und wird von den Menschen auch als die einschneidendste erlebt. Der Personenverkehr als sichtbarer Ausdruck unserer Mobilität war nicht, wie sonst, wegen Überfüllung zum Erliegen gekommen, im Gegenteil. Es gab, außer an einigen Grenzen, keine Staus auf den Straßen, keine Flugzeuge am Himmel. Körperliche Bewegung draußen war nicht mehr überall möglich. Vereinzelt wurden Jogger in den Straßen beobachtet. Ansonsten waren die sozialen Räume leer, ruhig und wirkten wie ausgestorben.

Angst

Gleichzeitig konnte man von vielen Menschen nicht gerade sagen, dass sie ruhig waren. Das vorherrschende Gefühl war Angst, die angesichts dieser Situation im Grunde durchaus angemessen schien. Leider blühten auch die irrationalen Ängste und Verschwörungstheorien. Das Internet wurde ersatzweise zum Sozialraum, was allerdings an eine schon weit vor der Krise aufgekommene Entwicklung anknüpft. Die Übertragungswege des Virus setzen räumliche Nähe und körperliche Berührung voraus. *Distanz erscheint deshalb zurzeit als neue Nähe.* Das gilt zum Selbstschutz und zum Schutz der Mitmenschen. Dazu gehört auch das Verbot des Singens! Und zumindest hierzulande folgen die Menschen *noch* halbwegs den Regeln, aber nicht überall auf der Welt.

Aus diesen zunächst oberflächlichen Beobachtungen können wir nun ableiten, wo genau der Impact der Krise auftritt (**fett**) und man könnte sogar vorhersagen, welche Ressourcen zur Bewältigung herausgefordert sind (*kursiv*).

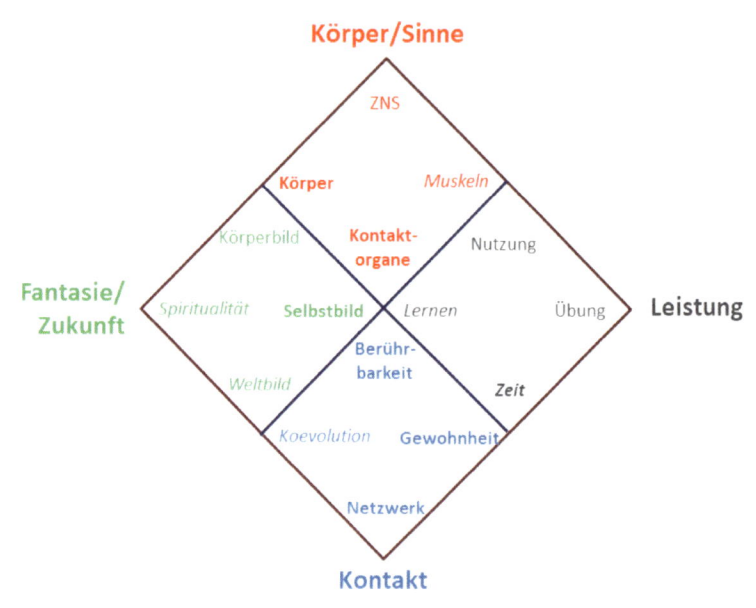

[Diagramm: Raute mit vier Polen – Körper/Sinne (oben), Leistung (rechts), Kontakt (unten), Fantasie/Zukunft (links). Innere Begriffe: ZNS, Körper, Muskeln, Körperbild, Kontaktorgane, Nutzung, Spiritualität, Selbstbild, Lernen, Übung, Weltbild, Berührbarkeit, Zeit, Koevolution, Gewohnheit, Netzwerk.]

Thomas Erbskorn-Fettweiß, HZPP Basic Course 2019 im SEM

Impact

Berührbarkeit – Kontakt: Körper/Sinne KKS

Wir haben gesagt, dass *Berührung* für die körperliche, geistige und emotionale Entwicklung des Kleinkindes von existenzieller Bedeutung ist und eine primäre Grundlage für die Entwicklung von Bindung, Kontakt, Beziehung und sogar Wachstum darstellt. Wir haben auch gesagt, dass Berührung das ganze Leben lang ein entscheidender Faktor bleibt. Dies gilt für Liebe, Partnerschaft und Sexualität genauso wie im Arbeitsleben. Wir haben auch gesagt, dass Menschen über Berührung ihren Selbstwert stabilisieren.

Hypothese: Die Corona-Krise trifft uns deshalb an der empfindlichsten Stelle, weil sie die Grundlagen unseres Menschseins berührt. Sie birgt die Gefahr der *Entfremdung*.

Der Mensch ist ein soziales Wesen. Nähe ist Ausdruck von Zugehörigkeit, Distanz ein Zeichen von Fremdheit und Ausgeschlossensein. Wenn wir nun auf Distanz gehen, erleben wir einen *Entfremdungsprozess*, der vor allem geeignet ist, uns von uns selbst zu entfernen. Wir wissen, dass Distanz und die daraus folgende Entfremdung Dinge ermöglicht, die mit Nähe nicht möglich wären. Extrembeispiel dafür ist die Einfachheit, mit einem Knopfdruck Menschen aus tausenden von Kilometern Entfernung zu ‚eliminieren', ohne die damit verbundene sinnliche Wahrnehmung zu erleben, die Detonation, den Schmerz, die Schreie …

Sinnlichkeit

Was also tatsächlich eingeschränkt wird, ist die Sinnlichkeit. Sie stellt allerdings einen wesentlichen Teil unseres Realitätsbezugs dar, da wir die Welt mit den Sinnen begreifen. Man kann also voraussagen, dass mit der Entfremdung ein zunehmender Mangel an Realitätsbezug eintritt, der nun anderweitig hergestellt werden muss. Aus Nächstenliebe muss Fernstenliebe werden, eine Entwicklung, die der Philosoph Hans Jonas (Jonas, H., Das Prinzip Verantwortung) angesichts der Globalisierung schon früher angemahnt hat. Es ist eine gewaltige mentale Leistung, die erbracht werden muss, da sich die Bedeutungszuschreibungen in unseren sozialen Kontakten ändern. Gewaltig deshalb, weil sie ein *Paradox* bewältigen muss: *Distanz ist die neue Nähe.* Wenn man seinen Liebsten nahe bleiben will, dann muss man auf Distanz gehen. *Die Vorstellung von Nähe wird die tatsächliche Nähe ersetzen.*

Immunsystem und Resilienz

Wir wissen, dass taktile Berührungen unser Immunsystem direkt beeinflussen und damit unsere Resilienz stärken können. Was mit einer Einschränkung körperlicher Berührungen in so großem Stile voraussagbar einhergeht, wird eine potenzielle Schwächung des Immunsystems sein, und das nicht nur bei denen, die sowieso schon an einer Immunschwäche leiden.

Vermeidung ist heute aus einer kurzfristigen Perspektive überlebenswichtig, was aber aus einer langfristigen Perspektive ganz anders aussieht. Genau das ist ja der Grund, warum wir die Entwicklung eines Impfstoffs so herbeisehnen, weil wir dann nämlich endlich gefahrloser mit dem Virus in Berührung kommen können. Wir können uns spezifisch immunisieren und dann auch wieder leichter mit anderen in Berührung kommen. Das wiederum stärkt die unspezifische Widerstandsfähigkeit, sprich, unsere Resilienz.

Alle immunförderlichen Maßnahmen sind also zurzeit hilfreich, um den Mangel an Berührung zu kompensieren: Gut essen, viel Wasser und weniger Alkohol trinken, fasten, sich viel bewegen, die Muskulatur trainieren, laufen, lachen, atmen, meditieren, sich draußen aufhalten, im Garten arbeiten, Sonne tanken, also Vitamin D produzieren und so weiter.

GEWOHNHEITEN – Kontakt: Leistung KL und Kontakt: Kontakt KK

Wir stellen also fest, dass wir unsere Gewohnheiten verändern müssen. Das gilt für unsere Denk- und Fühlgewohnheiten genauso wie für unsere Handlungsgewohnheiten. Wir haben gesagt, dass wir Kontakte sowohl dafür brauchen, Leistung zu erbringen, als auch, unsere bestehenden Kontakte zu pflegen und neue Kontakte zu knüpfen. Dieser Vorgang verlagert sich momentan ins Virtuelle, geschieht also vielfach auf Distanz.

Beobachtung: Im beruflichen Bereich kann man beobachten, wie gewohnte Arbeitsweisen und Bewältigungsstrategien regelrecht in sich zusammenbrechen. Teamarbeit findet faktisch sinnlich nicht statt, viele arbeiten alleine vor Ort oder im Home-Office. Man könnte sagen, dass in der Arbeitswelt die introvertierten Nerds nun einen evolutionären Vorteil haben. Diejenigen, die schon immer internetaffin waren, können nun ihre (Dienst-)Leistungen schneller und leichter zum Kundensystem bringen. Auch die Selbstdarsteller, die das Internet für sich als Öffentlichkeit genutzt haben, haben kurze Wege, sich auf die neue Situation umzustellen. Eigentlich ist sie für diese Personengruppen gar nicht so neu. Andere wieder haben da weitere Wege.

Wer beispielsweise glaubte, dass Face-to-Face-Kontakte zwischen Ärztin und Patient oder Psychotherapeut und Klientin, Berater und Ratsuchenden, Verkäufer und Kundin nicht ersetzbar sind, wird zurzeit eines Besseren belehrt. Den Psychotherapeutinnen und Psychotherapeuten fallen gerade jetzt die Menschen besonders auf, die plötzlich aufblühen, weil sie *nicht* mehr in Kontakt gehen müssen.

Genauso ist es im Leistungsbereich. Menschen, die unter Leistungsstress und seinen Folgen litten, erleben erstmalig wieder Entspannung oder so etwas wie Erholung, während andere ‚völlig am Rad drehen', weil Leistung nicht abgefragt wird. Es stellt sich heraus, dass das Wertesystem unserer Leistungsgesellschaft in dieser Zeit nicht mehr durchzuhalten ist. Menschen stellen erst, wenn diese Normierung wegfällt, überrascht fest, welchen subtilen Einfluss sie auf alle Lebensbereiche hatte. Die wesentliche Herausforderung für die Anpassung an die neue Situation betrifft also unsere *mentalen Modelle von Leistung und Kontakt*.

SELBSTBILD – Fantasie/Zukunft: Leistung FZL und: Kontakt FZK

Wir haben gesagt, dass unser Selbstbild und die damit verbundenen Annahmen über unser eigenes Potenzial dessen Entfaltung beeinflussen.

Nossrat Peseschkian brachte häufig folgenden Spruch an: „Den Wert von Menschen und Diamanten kann man erst ermessen, wenn man sie aus der Fassung bringt!"

Abgesehen vom genialen, induktiv wirkenden Vergleich von Menschen mit Diamanten ist der Spruch auch ein Hinweis auf den komplementären Zusammenhang zwischen Normalbetrieb und Krisenmodus. Unsere Routinen sind Ergebnisse von Krisenbewältigung und werden, wenn sie nicht mehr achtsam durchgeführt werden, mit der Zeit wieder zu Ursachen neuer Krisen. Dieser Effekt kommt durch Automatisierung und Unachtsamkeit zustande. Wenn Routinen mit der Zeit zur Routine werden, beginnen wir häufig, schwache Signale zu übersehen oder zu marginalisieren, weil sie mit unserem Selbstbild nicht übereinstimmen. Schwache Signale ermöglichen aber die Früherkennung von Fehlern oder Fehlentwicklungen, es sind An-Deutungen.

Hypothese: Die Herausforderungen der Corona-Krise sind durchaus geeignet, Menschen ‚aus der Fassung zu bringen'. Manch einer stellt auch fest, dass er oder sie ungeahnte Ressourcen freisetzen kann, die im Routinebetrieb nicht erkennbar waren. Es kann auch sein, dass wir ungeahnte Reaktionen zeigen, die wir von uns nie erwartet hätten.

Aus der Fassung geraten

Was heißt ‚aus der Fassung geraten'? In der Regel heißt das, dass unsere *Voraussetzungen, Vorannahmen, Regeln und Routinen* nicht mehr für die Bewältigung der aktuellen Situation geeignet sind. Ihre *Funktionen* lassen sich nicht mehr aufrechterhalten. Die *Vorhersehbarkeit* von Ereignissen ist nicht mehr gegeben. Möglicherweise ist *die Verhaltenskontrollgrenze* schneller als sonst erreicht, wir sind ‚reizbarer'. Die, für die wir uns gehalten haben, sind wir scheinbar nicht mehr. Andere sagen über uns, dass sie uns nicht mehr wiedererkennen. Menschen, die sich eine berufliche Existenz aufgebaut haben, können dann aus der Fassung geraten, wenn sie mit dem, was sie sich aufgebaut haben, plötzlich ihre Existenz nicht mehr sichern können.

Selbstbild

Wenn ein Gastwirt keine Gäste mehr hat, wenn eine Geschäftsfrau keine Geschäfte mehr machen kann, wenn eine Ärztin keine Heilmittel hat, wenn ein Geistlicher keinen Gottesdienst mehr feiern kann, wenn ein Familienmitglied seine Angehörigen nicht sehen kann … Menschen, die sich eine Existenz aufgebaut haben, haben sich damit nämlich auch eine Identität gegeben: Ich bin Gastwirt. Ich bin Geschäftsfrau. Ich bin Imam oder Pfarrerin. Ich bin Ärztin. Ist also eine Verkäuferin keine Verkäuferin mehr, wenn keine Kundinnen kommen, die von ihr etwas kaufen? Genauso verhält es sich aber für viele im Moment: *Das Selbstbild kann nicht mehr aufrechterhalten werden, wenn es von anderen abhängt, die es die ganze Zeit aufrechterhalten haben und es nun nicht mehr tun (können).*

Angst

Dies ist der häufigste Grund für Angst in einer solchen Krise und begründet die daraus folgenden Reaktionen, häufig Panikreaktionen. Diese angstgesteuerte Reaktivität hat die Funktion, das bisherige Selbstbild gegen die veränderten Verhältnisse in der Krise aufrechtzuerhalten.

Ein Selbstbild, das von Leistung abhängig ist, muss stark ins Wanken kommen, wenn diese Leistung nicht mehr gebraucht oder abgefordert wird. Oder wenn das Überleben gar nicht durch Leistung abgesichert werden kann, sondern durch etwas anderes wie beispielsweise Geduld und Abwarten, Beobachten oder Nicht-Tun. Ähnliches gilt für den Kontaktbereich, besonders in kollektivistisch geprägten Kulturen, in denen die Nähe zur Familie imperativen Charakter annimmt. An dieser Stelle wird nun klar, was der Spruch induziert: Wenn Menschen aus der Fassung geraten sind oder wenn ihre bisherige Welt aus der Fassung gerät, dann ist die Frage, ob sie dann (noch) Zugriff auf die Fähigkeiten haben, die jetzt gebraucht werden, oder ob sie rigide an ihrem alten Bild festhalten. Dazu braucht es eine Idee von sich, die Bestand hat, auch wenn sich die Umstände stark verändern. *Ein Mensch muss immer noch (ein) Jemand sein, auch, wenn sich alles verändert. Und wer sich dann noch menschlich zeigt, der ist von großem Wert, wie ein Diamant.*

Die Haut – Körper/Sinne: Kontakt KSK

Wir haben gesagt, dass wir über unsere Kontaktorgane funktionell mit der Umwelt in Verbindung sind und die Haut unser größtes und auch primäres Kontaktorgan ist. Wir haben auch gesagt, dass Sprache als Medium des Informationsaustauschs körperliche Voraussetzungen hat, die funktionell schwerpunktmäßig mit Mund und Ohr zu tun haben.

Beobachtung: In der Corona-Krise steht uns die Haut nicht mehr als Kontaktorgan zur Verfügung. Dies gilt aber nicht für Mund und Ohr. Gott sei Dank, könnte man sagen. Miteinander reden können wir heute aufgrund der neuen Medien immer noch, auf Abstand allerdings. Mit anderen Worten: Die körperliche Nähe fällt weg. Das schränkt unsere bisherigen Kontaktmöglichkeiten erheblich ein. Wir haben gesagt, dass die Haut ein primäres Kontaktorgan ist. Über sie können wir Kontakt herstellen, wenn wir (noch) nicht sprechen können. Die Entwicklung der Sprache ist sekundär und setzt sehr viel später ein, obwohl sie für die menschliche Entwicklung nicht weniger wichtig ist. Ein Kind braucht Ansprache genauso wie Berührung. Ein Erwachsener übrigens auch. Sprache dient der Strukturierung der Realität und ist ein Mittel der Unterscheidung.

Hypothese: Wir können also vermuten, dass wir in der Corona-Krise auf unsere sekundären Aktualfähigkeiten (Peseschkian, H. und Remmers, A., Positive Psychotherapie S. 54–59) sehr stark angewiesen sind, weil uns einige primäre nicht in dem Maße zur Verfügung stehen wie sonst.

INFORMATIONSKASTEN ZUM ANSATZ DER AKTUALFÄHIGKEITEN

Die Positive und Transkulturelle Psychotherapie beruht unter anderem auf Forschungsergebnissen von Professor Dr. Nossrat Peseschkian, die im Kulturvergleich *zwei Grundfähigkeiten* zeigen, die alle Menschen gemeinsam haben: Liebesfähigkeit und Erkenntnisfähigkeit. Das sind einerseits die Fähigkeit, Verbundenheit herzustellen, und andererseits die Fähigkeit, zu unterscheiden. Dabei entwickelt sich die Liebesfähigkeit biografisch primär, die Erkenntnisfähigkeit sekundär. Diese Grundfähigkeiten differenzieren sich dann im Laufe der individuellen Entwicklung und aktualisieren sich in den wechselnden sozialen Bezügen in Form der Aktualfähigkeiten.

Primäre Aktualfähigkeiten	Sekundäre Aktualfähigkeiten
Die Fähigkeiten, sich miteinander zu verbinden. Liebesfähigkeit.	Die Fähigkeiten, etwas voneinander zu unterscheiden. Erkenntnisfähigkeit.
Zeit haben, Geduld, Kontakt, Berührbarkeit, Liebe, Annahme, Zuwendung, Vertrauen, Hoffnung, Glaube, Sinn, Loyalität, Wertschätzung.	Strukturiertheit, Pünktlichkeit, Sauberkeit, Ordnung, Gehorsam/Disziplin, Höflichkeit/Anpassung, Offenheit/Ehrlichkeit, Treue, Gerechtigkeit, Fleiß/Leistung, Sparsamkeit, Zuverlässigkeit.

Im „Wiesbadener Inventar zur Positiven Psychotherapie und Familientherapie WIPPF" (Peseschkian, N., Deidenbach, H., WIPPF, S. 34–39) sind Aktualfähigkeiten definiert als „hypothetische Konstrukte auf einem mittleren Abstraktionsniveau. Sie tragen dem Sachverhalt Rechnung, dass Verhalten nicht nur aus einer Ansammlung einzelner Verhaltensweisen besteht, sondern Regeln beinhaltet, die verhaltenssteuernd wirken". Sie sind also von ihrer Natur her „soziale und gesellschaftliche Normen, Sozialisationsvariablen, Rollenstabilisatoren und Gruppenmerkmale".

Wenn wir coronabedingt unsere Angehörigen nicht besuchen können, dann rufen wir sie zumindest regelmäßig an. Zuverlässigkeit und Regelmäßigkeit dienen dann als Ersatz für das physische Zusammensein. Sekundäre Fähigkeiten dienen kompensatorisch als Signale für die Erfüllung primärer Bedürfnisse. Dieser Mechanismus ist uns natürlich bekannt. Aber in der Corona-Krise ist er weltweit für alle Menschen erzwungen. Das ist ein gewaltiger Unterschied, von dem wir noch nicht wissen, wie er sich langfristig auswirkt.

UNSER ERLEBEN: Körper/Sinne: Fantasie/Zukunft KSFZ

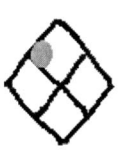

Wir haben gesagt, dass *Sprache* semantische Reaktionen des Organismus evoziert und unsere mentalen Modelle die Möglichkeiten des Körpers nutzen, um unsere Bedeutungszuschreibungen auszudrücken. Wir nennen diesen Vorgang *Erleben*. Wir haben auch gesagt, dass das Erleben die Grundlage für unsere Selbstwirksamkeitserwartung ist.

Beobachtung: In der Corona-Krise erleben wir Distanz, das ist offensichtlich. *Und* wir erleben u. U. existenzielle Verluste durch Krankheit, Tod oder wirtschaftliche Einbußen. *Und* wir erleben einen Verlust von Voraussagbarkeit. *Und* es wird zunehmend klar, wie wichtig es ist, *welche Bedeutung wir diesem Erleben zuschreiben*. Das macht möglicherweise den Unterschied zwischen einer Krise und einer Katastrophe aus. In der Tat ist Corona für diejenigen eine Katastrophe, die sich nichts anderes vorstellen konnten als ihr bisheriges Leben, da für sie ‚eine Welt zusammenbricht'.

STRESSREAKTION

Wir erinnern uns an dieser Stelle an Richard S. Lazarus' transaktionale Analyse der Stressreaktion. Er beschreibt darin verschiedene Einflussfaktoren auf deren Stärke und Ausprägung. Zunächst ist da der tatsächlich physische Impact eines Stressors. (1) Dann bewerten wir diesen Impact primär in Bezug auf seine Bedrohlichkeit für unser Leben, wirtschaftliches Überleben oder die Erreichbarkeit unserer Ziele und die Verwirklichung unserer Werte. (2) Sekundär bewerten wir auch noch unsere Bewältigungsmöglichkeiten nach Zahl und Verfügbarkeit. (3) Am Ende gibt es eine Neubewertung, die die funktionale Grundlage für die Copingstrategie bildet. (Lazarus, R., Stress and Emotion – A new Synthesis) Es macht also einen Unterschied in der Stärke und Qualität der Stressreaktion, ob wir beispielsweise ein für unsere Ohren lautes Gerät abstellen können oder nicht.

Wenn wir dies nun auf den Impact der Corona-Krise anwenden, dann kann die veränderte Lebenssituation für einige Menschen *faktisch* sehr bedrohlich sein, für manche *in ihrer Vorstellung*, und für andere kann noch erschwerend hinzukommen, dass sie keine *Handlungsmöglichkeiten* haben oder die, die sie haben, nicht sehen. Ein Aspekt davon reicht schon, um sich unwohl zu fühlen. Zwei davon sind hart zu nehmen. Aber treffen alle drei zu, dann kann die Situation verzweifelt sein, und aus der Krise wird eine Katastrophe.

EINSCHRÄNKUNG DER HANDLUNGSMÖGLICHKEITEN

Wir können die Auswirkungen beschränkter Handlungsmöglichkeiten bei den Menschen beobachten. Besonders schlimm ist es wohl, wenn man sich in Quarantäne befindet und seine an Corona erkrankten Angehörigen im Krankenhaus nicht besuchen darf. Handlungsmöglichkeiten sind hier sehr eingeschränkt. Daher kommt der Spruch: „Da hilft nur beten!" Aber der klingt in dieser Lage zynisch. Oder wenn Kinder, die zu Hause geschlagen werden, nun nicht mehr in die Schule gehen können, um dieser Situation am Tage zumindest für einige Stunden zu entkommen.

Auch in größeren Systemen, wie etwa den Staaten der Europäischen Union, sieht man diese Systematik. In der EU kann man beobachten, wie die beteiligten Staaten Bedrohung unterschiedlich beurteilen und sehr verschiedene Einschätzungen haben, welche Handlungsmöglichkeiten sie zur Verfügung haben. Das ist einer der Gründe, die neben dem Profilierungsstreben einschlägiger Politiker zu dem viel zitierten ‚Flickenteppich' der Maßnahmen und Entscheidungen führen. Da unterscheiden sich neben den faktischen regionalen Unterschieden auch die Einschätzungen von Bedrohlichkeit und Handlungsmöglichkeiten von Ort zu Ort, Region zu Region, Land zu Land. Und niemand kann mit Sicherheit sagen, ob die Umstände *faktisch* sehr bedrohlich sind oder *in der Vorstellung*, und ob es keine anderen *Handlungsmöglichkeiten* gibt oder die vorhandenen nicht gesehen werden oder politisch nicht gewollt sind. Und an diesem Umstand setzt der verwerfliche Missbrauch des Themas durch rechte Populisten an.

RESSOURCEN: NEUES WELTBILD UND KOEVOLUTION

UNSERE BEZIEHUNG ZUR WELT NEU DENKEN – FANTASIE/ ZUKUNFT: KONTAKT FZK

Wir haben gesagt, dass das menschliche Nervensystem seine Erfahrungen aktiv durch Voreinstellungen und Vorannahmen steuert und dass die Summe der chronifizierten Vorannahmen unser *Weltbild* bildet. Wir sprechen dabei von Lernen II, wie Gregory Bateson in den logischen Ebenen des Lernens beschrieben hat (Bateson, G., Ökologie des Geistes, S. 378 ff).

INFORMATIONSKASTEN ZU GREGORY BATESONS LERNTHEORIE

Lernen I: Das Subjekt kann lernen, dass Verstärkung ein Anzeichen für eine angemessene Reaktion ist. Es gibt scheinbar kein Überprüfbarkeitsproblem.

Lernen II: Das Subjekt kann lernen, dass das Fehlen von Verstärkung kein Anzeichen für eine falsche oder unangemessene Reaktion ist (S. 391). Es gibt ein Überprüfbarkeitsproblem, da nicht überprüfbare Informationsverarbeitungssysteme durch diese Art von Lernen entstehen. Durch intermittierende Verstärkung bilden sich Gewohnheiten mit selbstbestätigendem Charakter (z. B. die *Aktualfähigkeiten* aus der Positiven Psychotherapie). *Individualität* ist ein Resultat oder eine Ansammlung von Lernen II. *Übertragungen und Gegenübertragungen* sind auch Resultate von Lernen II.

Lernen III: Das Subjekt kann lernen, dass Verstärkung kein geeignetes Mittel ist, um die Falschheit oder Angemessenheit einer Reaktion zu beurteilen. Das Überprüfbarkeitsproblem ist bewusst und führt zur Überprüfung von Prämissen und Rollen, sprich: zur *Überprüfung von Informationsverarbeitungssystemen.*

Lernen IV: Das Subjekt kann lernen, dass es im Sinne der Entwicklung des Bewusstseins seiner selbst und aller anderen lebenden Systeme *notwendig ist, seine Prämissen und Rollen zu überprüfen.* Informationsverarbeitungssysteme können bewusst weiterentwickelt werden.

Bei Lernen II segeln wir also nach einer Marke, die wir an den Bug unseres eigenen Schiffes genagelt haben. So haben wir keine Veranlassung, unser Verhalten zu ändern. Die Krise aber bietet die Möglichkeit, im Lernen III zu erkennen, dass unsere bisherigen Maßstäbe nicht mehr geeignet sind, um die Falschheit oder Angemessenheit unserer Reaktionen zu beurteilen. Wir können unsere Prämissen und gewohnte Rollenerwartungen überprüfen. Außer in Krisenzeiten haben wir in der Regel keine wirkliche Veranlassung dazu. Deswegen erscheint die Corona-Krise als eine riesengroße Chance für alle Menschen gleichzeitig. Ganz zu schweigen von Lernen IV. Wir könnten lernen, dass es im Sinne der Entwicklung des Bewusstseins unserer selbst und aller anderen Lebewesen notwendig ist, unsere Haltung gegenüber dem Leben zu erneuern.

Hypothese: Wir haben zurzeit die einmalige Möglichkeit, kollektive und große Lernschritte zu machen, indem wir unser Weltbild angemessener gestalten.

UMDENKEN

Der wichtigste Schritt in der Veränderung unseres Weltbilds ist dabei wahrscheinlich die direkte Erfahrung am eigenen Leibe, wie wir tatsächlich alle und mit Allem zusammenhängen. Dies ist nun nicht mehr abstrakt (das war es eigentlich nie, nur war es schwer direkt erfahrbar), sondern hat sehr konkrete Auswirkungen auf unser reales Leben. Es fordert sofort radikale Veränderungen unserer Beziehungsgewohnheiten und unseres Denkens. Diejenigen, die angenommen haben, dass sie sich abschotten können, werden unmittelbar eines Besseren belehrt. Die Trumps und Bolsonaros dieser Welt erscheinen plötzlich für jeden sichtbar im grellen Licht der Absurdität. Sie sind die rechtspopulistischen Vorreiter des Missbrauchs der Corona-Pandemie für politische Zwecke. Dies erkennen allerdings nur diejenigen, die lernen können. Mit anderen Worten erkennen es die, die den Schritt in die Überprüfung ihrer Vorannahmen erfolgreich vollziehen.

WEITERDENKEN WIE BISHER

Es ist allerdings eine schlimme Vorstellung, dass die Menschen angesichts dieser Krise ihr gewohntes Lernen II weiterführen könnten; dass sie also versuchen, ihre bisherigen Annahmen aufgrund ihres aktuellen Erlebens zu bestätigen; dass sie also annehmen, dass die Erfahrungen, die sie jetzt machen, *keine* Anzeichen für bisher falsche oder unangemessene Annahmen sind. Sie hätten dann zu Recht Angst, selbst, wenn die Ängste irrational sind. Sie sähen ihre bisherigen Schuldzuweisungen bestätigt. Dann wäre die sprichwörtliche ‚gelbe Gefahr' tatsächlich Wirklichkeit geworden, ‚America first' erwiese sich als die richtige Strategie. Der hamsterartige Kauf von Klopapier in Deutschland und der von Waffen in den USA wäre dann folgerichtig und beschriebe eigentlich in amüsanter Weise die kulturellen Unterschiede zwischen den Völkern, wenn es nicht so ernst wäre. Die Verschwörungstheorien erschienen glaubhafter als die beobachtbaren Vorgänge, weil man sich die Beobachtungen sonst nicht anders erklären kann.

DURCH LOYALITÄT UND FANTASIE ZUKUNFT SICHERN – KONTAKT: FANTASIE/ZUKUNFT KFZ

Wir haben gesagt, dass *Koevolution* das herausragende Merkmal von Menschen als lebende Systeme mit einem komplexen Nervensystem ist. Koevolution ist die Fähigkeit, sich gemeinsam in einem gemeinsamen und sich ständig verändernden Umfeld zu entwickeln. Diese Fähigkeit ist jetzt besonders gefragt.

Fantasie

Dabei hat das menschliche Bewusstsein etwas Besonderes ausgeprägt, nämlich Fantasie. Vorstellungskraft ist eben nicht nur eine Quelle von Ängsten und Problemen, die entstehen, weil wir uns etwas Schlimmes vorstellen oder uns wegen bestimmter Vorstellungen etwas anderes nicht vorstellen können. Unsere menschliche Vorstellungskraft lässt uns auch neue Wege ausprobieren, neue Ideen entwickeln, die vorhandene und neue Informationen auf neue Weise verbinden. Und das können wir nicht nur individuell, sondern auch gemeinsam tun. In der Regel werden Menschen besonders dann kreativ, wenn sie dazu gezwungen sind.

Ressourcen

Einfach so ohne Zwang entfaltet sich die Fantasie, wenn es sich um *Traum*, *Spiel* oder *Kunst* handelt. Spielen allerdings dient immer dem Aufbau der damit erworbenen Fähigkeiten für den Ernstfall. Wenn wir also spielerisch Dinge eingeübt haben, die nun gebraucht werden, dann können und müssen wir sie abrufen. Die Fähigkeit, die jetzt gebraucht wird, ist Solidarität. Sind wir darin geübt? Beherrschen wir diese Kunst mit traumwandlerischer Sicherheit? Wir stellen fest, dass das nur begrenzt der Fall ist. Deswegen stehen viele von uns nun vor der Anforderung, sich von ihren bisherigen egoistischen und selbstbezogenen Verhaltensgewohnheiten zu lösen und Hilfe anzunehmen oder zusammen zu arbeiten.

Hier gilt der Spruch: „*Wer alleine arbeitet, addiert. Wer zusammen arbeitet, multipliziert!*" Ergänzend könnte man empfehlen, vom Subtrahieren und erst recht vom Dividieren Abstand zu nehmen.

Kooperation

Die Probleme, die dann zu bewältigen sind, kann man am besten auf europäischer Ebene beobachten. Schon die Herausforderungen der Flüchtlingskrise, geflüchtete Menschen gleichmäßiger auf ganz Europa zu verteilen, haben nicht zu Kooperation geführt. Eher gab es Tendenzen, sich auseinander zu dividieren. Und jetzt kann man ähnliche Mechanismen der Abschottung in der Corona-Krise beobachten.

Wird der wirtschaftliche Druck die Staaten dazu zwingen, zu kooperieren? Das bleibt zu hoffen. Langfristig hat sich Kooperation nämlich als eigentlicher Mechanismus der Evolution herausgestellt. Die Lehre vom Überleben des Stärkeren ist ein Märchen aus uralten Zeiten.

INFORMATIONSKASTEN ZUM PRINZIP KOOPERATION IN DER ÖKOTHERAPIE

Im ökotherapeutischen Ansatz bei Calumed e.V. heißt es zum Prinzip Kooperation: „*Wird der Mensch oder wird die Umwelt krank, so können wir das als Problem mangelhafter, gestörter oder misslungener Zusammenarbeit sehen. Also müssen wir ökotherapeutisch nach neuen Möglichkeiten der Kooperation Ausschau halten. Um das Problem näher einzugrenzen, müssen wir uns zunächst die Möglichkeiten der Kooperation genauer betrachten. Wir stellen fest, dass es im Wesentlichen nur zwei Kooperationsmöglichkeiten gibt:*

1. *Teile vom Ganzen mit Teilen vom Ganzen*
2. *Teile vom Ganzen mit dem Ganzen*

Diese mengenlehreähnlichen Betrachtungen bedeuten übersetzt für den Menschen Folgendes:
- *Zelle ∞ (kooperiert mit) Zelle*
- *Zelle ∞ (kooperiert mit) Mensch*
- *Mensch ∞ Mensch*
- *Mensch ∞ Umwelt*
- *Mensch ∞ Geist*

Letzteres mag erstaunen, aber der Nachweis, dass der Mensch ausschließlich eine biologische Maschine innerhalb einer ausschließlich biologisch-physikalischen Umwelt ist, ist noch nicht gelungen und es zeichnet sich ab, dass dies auch nicht gelingen wird! Der Mensch ist also weiterhin als ein geistiges oder begeistertes Wesen zu betrachten, was ihn in die Verlegenheit bringt, auch mit dem Geist zu kooperieren. Die Ökotherapie muss sich also aus meiner Sicht bekennen zur wechselseitigen Durchdringung von Geist und Materie, zu geistig-biologischen Ökologie. Oekos, das Haus, besteht, als Ganzes betrach-

tet, eben aus dem Grundstück, dem Baumaterial, der Konstruktion, den Hausbewohnern und *dem Hausgeist."* (Erbskorn-Fettweiß, Th. in D. Jarzombek, Hrsg: Ökotherapie in Theorie und Praxis, S. 27)

UNSER BEWUSSTSEIN ENTSCHEIDET – FANTASIE/ZUKUNFT: FANTASIE/ZUKUNFT FZFZ

Wir haben gesagt, dass *erst der Tod* oder im Vorwege der Gedanke an den Tod die Menschen daran erinnert, dass es möglicherweise noch etwas anderes geben könnte als das, was sie mit ihren äußeren Sinnen begreifen können. Wir haben auch gesagt, dass Krankheiten und Krisen dem Tod insofern ähnlich sind, als dass sie das gewohnheitsmäßige Weiterfunktionieren der Informationsverarbeitungssysteme nicht mehr erlauben und in schweren Fällen sogar beenden, sodass der betroffene Mensch seine Informationsverarbeitungssysteme wieder neu einrichten muss. Dies ist zurzeit für die gesamte Menschheit in großem Stil die Herausforderung.

Hypothese: Hier ergibt sich für uns die Möglichkeit zu lernen, dass es im Sinne der Entwicklung des Bewusstseins unserer selbst und aller anderen lebenden Systeme notwendig ist, unsere Prämissen und Rollen zu überprüfen.

Entscheidungen, die aus dem Bewusstsein heraus getroffen werden, dass es ein System der Systeme gibt, die miteinander wechselwirken, beziehen die sichtbare, hörbare und fassbare Realität unseres ‚Heimatplaneten' Erde mit ein. Wir haben die Chance, diesen Umstand jetzt in unserem Bewusstsein zu verankern und unsere jetzigen und zukünftigen Entscheidungen darauf auszurichten. Dieser Vorgang ist geistiger Natur. Wir lernen, dass wir nicht nur miteinander, sondern auch mit dem Medium kooperieren müssen, in dem wir uns bewegen. Wenn wir nicht kooperieren, können wir uns voraussichtlich langfristig gar nicht mehr bewegen. Dieser unbewegte Zustand heißt Tod. Der geistige Lernvorgang, mit dem wir in der Corona-Krise konfrontiert sind, ist folglich ein Lernen über das Leben. Lernen über das Leben an sich nennen wir Spiritualität.

Conclusio

Was bedeutet das nun für Beratung und Therapie?

In den vier Bereichen ergeben sich aus diesen Überlegungen Hinweise auf die Arbeitsweisen in Therapie und Beratung. An dieser Stelle arbeiten wir zunächst vier Strategien aus, aber selbstverständlich leiten sich aus den sechzehn Kombinationen noch mehr Hinweise auf hypothesengeleitete Interventionsstrategien ab. Die folgenden vier sind in gewisser Weise neu und ungewöhnlich oder bisher nur bestimmten Therapieformen eigen gewesen, sollten sich jetzt aber allgemein durchsetzen.

1 Arbeiten Sie draussen, nicht in Räumen – Körper/Sinne KS

Arbeiten Sie draußen, nicht in Räumen, wo und wann immer es geht. Der gemeinsame Aufenthalt in einem Therapie- oder Beratungsraum birgt zurzeit ein gewisses Risiko, das sich im Freien stark minimiert. Damit kann Begegnung stattfinden, die therapeutische Beziehung kann ‚in vivo' erlebt werden. Begegnungen mit Schutzmaske oder virtuelle Begegnungen über Telefon oder Videokonferenz sind natürlich unverzichtbare und wertvolle Arbeitsmöglichkeiten, aber sie schränken den sinnlichen Bezug ein, das Erleben mit allen Sinnen. ‚Therapy by walking around' oder ‚walk and talk' ist zumindest in ländlichen Umfeldern leicht möglich, wenn keine Ausgangssperre verhängt ist, und unterstützt zusätzlich die Bewegung. *Bewegung in der Natur ist in der Lage, den Mangel an Berührung für eine Zeit lang zu kompensieren.*

Körperliche Bewegung kann mit geistiger Beweglichkeit verbunden werden. Das ähnelt ein bisschen dem kontemplativen Schreiten der Mönche in ihren Klosterarkaden, die genau dafür vorgesehen sind, und dem Weg der alten Griechen in der Philosophie. Wohl den Therapeutinnen und Therapeuten, die jetzt Zugang zu Wald und Feld haben. Aber vielleicht müssen Großstadttherapeuten sich nun selbst bewegen und sich zur Therapie irgendwo in der Natur verabreden. Ein interessantes Projekt, das Beweglichkeit von beiden Seiten erfordert, Therapeutinnen und Therapeuten und Klientinnen und Klienten.

Perspektivwechsel

Nutzen Sie die Natur für Perspektivwechsel und kreative Metaphorik. Dort finden Sie einen unerschöpflichen Fundus. Außerdem ist das eine Arbeitsweise, die nach der Corona-Krise beibehalten werden kann, während es aus den genannten Gründen ratsam ist, virtuelle Arbeitsweisen wieder einzuschränken. Sie passen als Lösung für die aktuelle Situation, sind aber sonst nicht das Mittel der Wahl. Die Vermeidungsstrategien von Klientinnen und Klienten beispielsweise, die als ‚Natives' in der virtuellen Welt aufgewachsen sind, müssen wir hier in Bezug auf ihr Suchtpotenzial im Auge behalten. Die Versuche, Menschen mit gesundheitspolitischen Mitteln von sich selbst zu entfremden und zu überwachen, müssen wir gleichfalls im Auge behalten, nämlich in Bezug auf die Grundrechte. *Die Psychotherapie ist kein dauerhaft virtuelles Geschehen!*

Berührung – kritisch und überlebensnotwendig zugleich

Das bringt uns zu einem kritischen Punkt: Wenn wir definiert haben, dass Berührung eine lebenslang lebenserhaltende Notwendigkeit ist, dann geht es um die Menschlichkeit an sich und wir haben es nicht nur mit einem Grundbedürfnis, sondern auch mit einem Persönlichkeitsrecht zu tun. Für Psychotherapeuten ist es schon heute schwer, Menschen körperlich berühren zu dürfen, wenn sie es brauchen. Körperpsychotherapeuten sind im Laufe der Geschichte der Psychotherapie wegen der Multivalenz von Berührung immer wieder bekämpft worden. Es gibt verbreitet Schwierigkeiten, Berührung von sexueller Annäherung zu unterscheiden. Entsprechende Signalsysteme unterliegen gesamtgesellschaftlich einem nachvollziehbaren Shifting. Im Grunde spricht zurzeit aus vielerlei Gründen alles dagegen, sich zu berühren. Es ist viel zu gefährlich.

Unberührbar

Und damit gleiten wir allmählich, beschleunigt von Corona, in einen allgemeingesellschaftlichen Zustand, in dem wir uns zu Unberührbaren entwickeln. Das wiederum ist, wie wir definiert haben, unmenschlich. Letztendlich macht es an Körper, Geist und Seele krank. Die Menschen kommen mit Heilungsanliegen. Psychotherapeutinnen und Psychotherapeuten sind Angehörige eines Heilberufs und müssen qua Auftrag dafür sorgen, dass Klientinnen und Klienten heilsame Berührung erfahren, damit sie Signale von Nähe und Distanz weiterhin angemessen bewerten können.

Entfremdung und Traumatisierung

Psychotherapie ist also direkt involviert in die *Bewältigung eines schwerwiegenden Eingriffs in die Persönlichkeitsrechte* durch Kontaktverbote, deren Folgen wir noch gar nicht absehen können. Wir sind eher Zeugen der Entstehung von Entfremdung und Traumatisierung. Das schmerzt. Wie können wir dagegen halten? Was heißt jetzt eigentlich Psychotherapie im Sinne des Balancemodells? Es heißt nach diesen Überlegungen auch, den Menschen erfahrbar zu machen, wie viele Spielarten von Berührung es gibt. Die mit dem Wort, die mit dem Herzen, die mit Gesten oder Zeichen und auch die Berührung mit den Händen.

2 Definieren Sie Leistung neu! – Leistung L

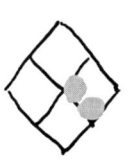

Definieren Sie Leistung neu. Fördern Sie Geduld! Die Leistungsgesellschaft ist abgestellt worden. Leistung lohnt sich gerade häufig nicht. Zumindest werden viele bisherige Leistungen in großem Stil als ‚nicht systemrelevant' erkennbar, ein Wort, welches sich sehr gut zum Unwort des Jahres eignen könnte. Menschen sind zur Untätigkeit und zum Warten verdammt. Da ist es interessant zu beobachten, wie viel Geduld Menschen an den Tag legen und wie diszipliniert sie sich verhalten. Dies tun sie, so könnte man tatsächlich sagen, ‚um des lieben Friedens willen', wofür man dankbar sein muss. Wenn also Leistung bisher an den Kriterien *Aktionismus* (Leistung: Körper/Sinne LKS) und *Intensität* (Leistung: Leistung LL) gemessen wurde, so verlagern sich die Erkennungsmerkmale jetzt auf *Beziehungen* (Leistung: Kontakt LK) und *Nachhaltigkeit* (Leistung: Fantasie/Zukunft LFZ). Diese Verlagerung der Kriterien war im Grunde längst überfällig. Sie birgt die Chance der Abkehr von unbegrenztem Wachstum und der Ausbeutung von Ressourcen! Die Psychotherapie kann dabei behilflich sein, Leistungskonzepte von Klienten neu zu ordnen und Stress durch Unterforderung abzufedern. Wir wissen aus der Stressforschung, dass Stress durch Unterforderung mindestens genauso schwere Auswirkungen zeitigt wie durch Überforderung. Aufgabe der Psychotherapie ist hier, Klienten dabei zu helfen, die neuen Herausforderungen zu erkennen und sie anzunehmen.

3 UNTERSTÜTZEN SIE KOOPERATIVITÄT – KONTAKT K

Unterstützen Sie die Entwicklung von Kooperativität, wo immer es geht! Gemeinschaft ist nun wichtiger als Individualität, Verbundenheit wichtiger als Alleingänge. Ausdruck davon ist die Fähigkeit, zusammenzuarbeiten, also Kooperativität. Diese Fähigkeit ist bekanntermaßen das Erkennungsmerkmal resilienter Systeme, in denen die inneren Verknüpfungen bestehen bleiben, obwohl sich in Krisen die Umweltbedingungen ändern und möglicherweise damit auch die Bewusstseinsinhalte. Aber die Beziehungen bleiben bestehen oder erweitern sich vielleicht sogar noch. Das ist nicht ganz einfach, wenn wir uns beispielsweise eine Familie vorstellen, die plötzlich viel häufiger und auf engerem Raum zusammen sein muss als jemals zuvor. In diesem Falle müssen sie vollkommen anders kooperieren als bisher. Dies betrifft die Regelung von Nähe und Distanz, Zeiten, Grenzen und Strukturen. Der Druck auf die Kooperativität ist immens, denn man kann sich ja nicht aus dem Wege gehen. Auf der anderen Seite sind Menschen, die im Homeoffice arbeiten, gezwungen, für andere mitzudenken, die gleichfalls im Homeoffice arbeiten und deren Bedarfe auf die Entfernung zu antizipieren.

NÄHE UND DISTANZ

Die Bedingungen, unter denen Kooperation nun stattfindet, sind also geprägt durch größere Nähe oder größere Distanz als bisher. Kooperation wird durch Rückmeldungsschlaufen aufrechterhalten. *Nähe und Distanz haben dabei einen enormen Einfluss auf die Mittelbarkeit oder Unmittelbarkeit von Rückmeldungen.* Auf Nähe sind Feedbacks wesentlich unmittelbarer als auf Distanz. Diejenigen, die in die Nähe gezwungen sind, müssen mit diesem Umstand umgehen lernen. Sie müssen das regeln. Hier kann Psychotherapie helfen, ein angemessenes Coping aufzubauen.

GEWALT UND DEPRESSION

Wir wissen, dass wir damit faktisch Gewaltprophylaxe betreiben, denn häusliche Gewalt ist in der Regel das Ergebnis misslungener Kooperation bei erzwungener Nähe. Auf der anderen Seite ist Vereinsamung Ergebnis von erzwungener Distanz. Wenn trotz der Entfernung die Kooperativität mit Angehörigen und Freunden auf die Ferne aufrechterhalten werden kann, so ist das direkte Depressionsprophylaxe.

IMMER MIT DER DEPRESSION RECHNEN

Dabei ist eines zu bedenken: Wie aus dem transkulturellen Blickwinkel der Positiven und Transkulturellen Psychotherapie bekannt ist, gibt es unterschiedliche Arten und Weisen, wie Depressivität entstehen kann. Die einen werden depressiv, weil sie zu viel alleine sind, die anderen, weil sie nie alleine sein können und der Grad der sozialen Kontrolle zu groß wird. Insofern müssen wir in dieser Krise auf jeden Fall mit der Depression rechnen!

4 HELFEN SIE BEI DER BEWÄLTIGUNG VON EXISTENZIELLEM STRESS – FANTASIE/ZUKUNFT FZ

Helfen Sie bei der Bewältigung von existenziellem Stress und der Veränderung des Lebensstils! Die Menschen sind jetzt in großem Stile in eine Art Fasten im Sinne einer Abstinenz gezwungen. *„Das Fasten ist der Anfang der Heilung. Kratzen vergrößert den Stich. Das Fasten ist das erste Prinzip der Heilkunst. Sei enthaltsam und betrachte die Stärke des Geistes."* Das lesen wir im schon angesprochenen Mesnevi (Rumi, Mesnevi, S. 204). Abstinent sein heißt, von einem gewohnten Lebensstil Abstand zu nehmen. Dies wird in der Regel praktiziert, um Balance zu halten, die eigene Gesundheit wieder herzustellen und geistige Klarheit zu fördern. All diese Ziele sind mit Psychotherapie kompatibel. Genau das will sie ja erreichen. Es geht um nichts weniger als die Veränderung des Lebensstils. Dabei ist Psychotherapie keine ‚Life-Style-Beratung', sondern leistet Unterstützung bei existenziellen Angelegenheiten.

EXISTENZIELLER STRESS UND EXISTENZIELLE THERAPIE

Worunter die Menschen zurzeit leiden, kann mit Fug und Recht als ‚existenzieller Stress' bezeichnet werden. Psychotherapie ist vielleicht in Zukunft nicht mehr so sehr tiefenpsychologisch, verhaltenstherapeutisch oder analytisch, *sondern existenziell*. Therapieinhalte sind die grundlegenden Fragen des Lebens. Aber diese existenzielle Therapie hilft nicht nur den einzelnen Menschen, sondern sie wäre auch gut für die ganze Menschheit, denn es wird immer deutlicher, dass es so nicht weitergehen kann. Wachstum um jeden Preis war das bestimmende Handlungskonzept und prägte bisher den Lebensstil. Nun wird klar, dass der Preis inzwischen zu hoch geworden ist. Wahrscheinlich war er schon immer höher, als wir dachten. Wir hatten nur vergessen, alle Faktoren mitzurechnen, die den Preis bestimmen. Faktisch haben wir falsch gerechnet. Wie wir aus dem Mathematikunterricht wissen, haben wir auch falsch gedacht, wenn wir falsch gerechnet haben. Jetzt ist die Menschheit in der Lage, neu zu denken und von der Wachstumsdoktrin Abstand zu nehmen. Aber Achtung! Man sollte nicht von den Armen und Mittellosen verlangen, dass sie fasten, denn von Abstinenz verstehen sie sowieso schon sehr viel. Fasten heißt heutzutage für die Menschheit, Mittel gerecht zu verteilen und Ressourcen zu schonen. Die menschliche Entwicklung geht nicht im Krieg voran, sondern in Frieden und Freiheit.

5 REFLEXION

Unter der Überschrift ‚Das wahre Ziel findet seinen Pfeil' erzählt Rabbi Nilton Bonder in seinem Buch ‚Der Rabbi hat immer recht' (Bonder, N., Der Rabbi hat immer recht, S. 96) folgende Geschichte:

5 Reflexion

„Ein Jäger fand im Wald mehrere Zielscheiben, die auf Bäume aufgemalt waren. Beeindruckt stellte er fest, dass mitten im Schwarzen einer jeden Scheibe ein Pfeil steckte. Er wollte unbedingt wissen, wer dieser Meisterschütze sei. Nach einer längeren Suche fand er ihn und befragte ihn zu seinen tollen Taten: ‚Was ist das Geheimnis dieser außerordentlichen Treffsicherheit?' – ‚Ganz einfach', erwiderte der Schütze, ‚zuerst schieße ich den Pfeil ab, und dann male ich die Zielscheibe.'"

Die Geschichte beschreibt die Entstehung dieses Buches recht treffend. Die fraktale Struktur des Balancemodells war mir schon länger aufgefallen, aber den Pfeil habe ich erst abgeschossen, als in der Corona-Zeit Gelegenheit dafür war. Die Matrix ist im Grunde vergleichbar mit der Zielscheibe, die ich dann um den Pfeil gemalt habe. Sie hat sich im Laufe der konsequenten Durchführung der Fraktale als ‚emerging phenomenon' gezeigt.

Es steht zu vermuten, dass jede Person, die sich daranmacht, die sechzehn Fraktale für eine bestimmte Fragestellung zu bearbeiten, ähnliche Erfahrungen machen wird. Deswegen kann ich nur dazu anregen, das fraktale Balancemodell als Instrument in der Arbeit mit Menschen, besonders in der Psychotherapie, zu benutzen. Mich haben die Themen Informationsverarbeitung und Corona-Krise beschäftigt. Aber es lohnt sich, sich in den nächsten Jahren mit Krankheitsbildern, Biografien, diagnostischen Fragestellungen, Interventionsstrategien und anderen interessanten Untersuchungsgegenständen auf diese Weise zu beschäftigen und das Modell weiter auszuarbeiten. Die ‚Volkskrankheit Depression' wäre beispielsweise ein guter Untersuchungsgegenstand, bei dem sich bei der fraktalen Bearbeitung perspektivisch neue Möglichkeiten der Unterscheidung zwischen Depression und Burnout ergäben, ähnlich der Differenzierung, die wir im Bereich von Religiosität und Spiritualität beschrieben haben.

Dieses Buch ist also ein Anfang, der eine Vielfalt von Lernprozessen, Zielerweiterungen und Perspektivwechseln ermöglicht.

LITERATUR

Alexander, Frederick Matthias, Der Gebrauch des Selbst, Karger, Basel, Freiburg 2001

Antonovsky, Aaron, Salutogenese – Zur Entmystifizierung der Gesundheit, dgtv-Verlag, Tübingen 1997

Argyris, Chris in Fatzer, Gerhard, Organisationsentwicklung und Supervision: Erfolgsfaktoren bei Veränderungsprozessen, Trias-Kompass, EHP-Edition Humanistische Psychologie, Köln 1996)

Bateson, Gregory, Ökologie des Geistes, Anthropologische, psychologische, biologische und epistemologische Perspektiven. Suhrkamp, Frankfurt am Main 1981

Berne, Eric, Spiele der Erwachsenen, Rowohlt Taschenbuch 1990

Berner, Charles, Enlightenment and the Enlightenment Intensive, Volume 1 & 2, Amazon books 2014

Bloch, Ernst, Werkausgabe: Band 5: Das Prinzip Hoffnung, Suhrkamp, Frankfurt am Main 1985

Bonder, Nilton, Der Rabbi hat immer recht – die Kunst, Probleme zu lösen, Carl Auer Verlag, 2. Auflage 2014

Erbskorn-Fettweiß, Thomas in Dieter Jarzombek (Hrsg.), Ökotherapie in Theorie und Praxis, Lit-Verlag, Münster 2009

Erbskorn-Fettweiß, Thomas in Dieter Jarzombek (Hrsg.), Freiheit, die wir meinen, Lit-Verlag Münster 2011

Eccles, Sir John C., Wie der Geist sein Gehirn benutzt, Springer Verlag 1994

Goscinny, Reneé, Uderzo, Albert, Asterix-Reihe Band 9, Asterix und die Normannen, Ehapa-Verlag, Stuttgart 1979

Guggenberger, Bernd, Das Menschenrecht auf Irrtum – Anleitung zur Unvollkommenheit, Carl Hanser Verlag München Wien 1987

Jonas, Hans: Das Prinzip Verantwortung. Versuch einer Ethik für die technologische Zivilisation, Frankfurt am Main 1979

Keil, Annelie, Wenn Körper und Seele streiken: Die Psychosomatik des Alltagslebens, Heinrich Hugendubel Verlag, Kreuzlingen/München 1999/2004

Korszybski, Alfred, Science and Sanity, An Introduction to Non-Aristotelian Systems and General Semantics. Institute of General Semantics, Fort Worth, Texas 1994

Lazarus, Richard S., Stress and Emotion, a new Synthesis. Free Association Books, London 1999

Maturana, Humberto, Varela, Francisco, Der Baum der Erkenntnis – die biologischen Wurzeln menschlichen Erkennens, Goldmann, Scherz Verlag, Bern und München 1987

Messias Erick, Peseschkian, Hamid, Cagande, Consuelo (Hrsg.), Positive Psychiatry, Psychotherapy and Psychology – Clinical Applications, Springer 2020

Operationalisierte Psychodynamische Diagnostik OPD-2. Das Manual für Diagnostik und Therapieplanung von Arbeitskreis OPD, Huber, Bern 2006

Peseschkian, Hamid und Remmers, Arno, Positive Psychotherapie, Ernst Reinhard Verlag, 1. Ausgabe 2013

Peseschkian, Nossrat, Der Kaufmann und der Papagei, orientalische Geschichten in der Psychotherapie, Geist und Psyche, Fischer Verlag, 24. Auflage 2000

Peseschkian, Nossrat, Deidenbach, Hans, Wiesbadener Inventar für Positive Psychotherapie und Familientherapie WIPPF, Springer 1988

Rosenthal, Robert, Jacobson, Leonore: Pygmalion im Unterricht. Beltz, Weinheim 1971

Roznowski, Oda, Förderung persönlicher Potenziale in der Erwachsenenbildung, Logos Verlag Berlin 2009

Rumi, Djalalaluddin, Das Mesnevi, Scherz Verlag Bern, München, Wien für den Otto Wilhelm Barth Verlag, Erste Auflage 1997

Schah, Idries, Die Sufis, Botschaft der Derwische, Weisheit der Magier, Eugen Diederichs Verlag, 8. Auflage 1991.

Schmidt, Gunther, Über die Erzeugung und Aufrechterhaltung von Erleben in Einführung in die hypnosystemische Therapie und Beratung, 8. Auflage, Carl-Auer-Verlag, Heidelberg 2018

Selye, Hans, Stress, Bewältigung und Lebensgewinn, Piper Verlag, München 1974

Steinmann, Ralph Marc, Spiritualität – die vierte Dimension der Gesundheit. Eine Einführung aus Sicht von Gesundheitsförderung und Prävention, Lit-Verlag Wien und Zürich, 3. Auflage 2015

Varga von Kibèd, Matthias über das triadische System, Erweiterte Mitschrift aus Seminaren mit Insa Sparrer und Matthias Varga von Kibéd 2001–2013, Seminarhaus SCHMIEDE, Günter W. Remmert www.seminarhaus-schmiede.de, http://www.wachstums-impulse.de/pdf/loesungen-mit-system-glaubenspolaritaeten-coretransformation.pdf

Watzlawick, Paul: Anleitung zum Unglücklichsein. 15. Auflage, Piper, München 2009, 1. Ausgabe 1983

ANHANG

THEORIE LEBENDER SYSTEME

Aus der Theorie lebender Systeme kann man ableiten, dass Informationsverarbeitung Voraussetzungen hat, dass also *ein System nur Informationen verarbeiten kann, für die es auch ein Verarbeitungssystem hat.* (Maturana, H. & Varela F., Der Baum der Erkenntnis – die biologischen Wurzeln des menschlichen Erkennens, S. 185). Das bedeutet auch, dass lebende Systeme dazu tendieren, aus der Gesamtheit der verfügbaren Informationen diejenigen herauszufiltern, die für ihre Informationsverarbeitungssysteme verwertbar sind. Unsere Nervensysteme bilden also ihre Umwelt nicht ab (nur äußerlich), sie sind aber auch nicht *„kognitiv einsam"* (nur innerlich). Sie bringen mit Hilfe der Struktur ihrer Informationsverarbeitung ihre Welt hervor (S. 146).

STRUKTURDETERMINIERTHEIT

„Unser Ausgangspunkt war die Feststellung, dass alles Erkennen ein Tun des Erkennenden ist und dass Jedes Erkennen von der Struktur des Erkennenden abhängt." (S. 40) Das Gewinnen neuer Sichtweisen ist durch unsere menschliche Struktur determiniert, also beispielsweise die assoziative Arbeitsweise unseres Gehirns. Es nutzt unsere Vorerfahrungen als Ausgangspunkt für die Einschätzung neuer Situationen. Was wir erlebt und wie wir es bewertet haben, beeinflusst unsere Fähigkeit, neue Erfahrungen zu machen. Das gilt auch für unsere Beobachtungen davon, wie Ereignisse von anderen Menschen bewertet wurden, die für uns wichtig sind. Bisherige Lösungen beeinflussen unsere Lösungskompetenz. Bisher funktionierende Lösungen werden allerdings zum Problem, wenn sie den veränderten Umweltbedingungen nicht mehr entsprechen, aber trotzdem beibehalten werden. Mit der Zeit bilden sich auf diese Weise vorgebahnte Informationsverarbeitungssysteme heraus.

Strukturelle Voraussetzungen

Informationsverarbeitungssysteme sind also strukturelle Voraussetzungen für Entwicklung im gegebenen Milieu. Ihre vorrangige Funktion ist es, unser Überleben in unserem jeweiligen Umfeld zu sichern. Das ist wichtig. Die Informationsverarbeitung dient dem Erhalt der inneren Struktur und dem Erhalt der Anpassungsfähigkeit an das Milieu.

Die fraktale Betrachtung mit dem Balancemodell nutzen wir in diesem Buch dazu, die Strukturmerkmale des menschlichen Bewusstseins herauszuarbeiten, die die Informationsverarbeitung determinieren. Damit können gründliche Überlegungen angestellt werden, wie sich in der therapeutischen oder pädagogischen Beziehung bestehende Informationsverarbeitungssysteme *durch geeignete Anstöße weiterentwickeln lassen, um die Handlungsmöglichkeiten zu erweitern*, damit Therapieziele erreicht werden und Heilung geschehen kann. Humberto Maturana und Francisco Varela sprechen diesbezüglich über ‚Erweiterung der möglichen Zustände' und führen dazu aus:

„*Wir werden zeigen, dass für jeden Organismus die Geschichte seiner Interaktionen eine Geschichte von Strukturveränderungen ist, welche eine ganz besondere Geschichte von Transformationen einer Ausgangsstruktur ist, an denen das Nervensystem beteiligt ist, indem es den Bereich der möglichen Zustände ausweitet.*"
(Maturana, H. & Varela F., Der Baum der Erkenntnis, S. 139)

SELF-EFFECTIVENESS-MENTORING (SEM)

Wer tiefgehende Prozesse der Persönlichkeitsentwicklung und Entfaltung vollzogen und sich von selbst auferlegten Paradigmen befreit hat, dem öffnet sich die Tür zu seiner schöpferischen Kraft. Menschen mit einer geschulten Persönlichkeit, mit direkten Erfahrungen und profundem Wissen über Prozesse des Erlebens und Verhaltens sind ihrerseits fähig, andere Menschen auf dem Weg der Selbstentfaltung zu schulen und zu begleiten. Im Wissen um Krisen und Konflikte, die im Prozess dieser Entwicklung auftreten können, sind sie in der Lage, kompetent und situationsgerecht zu handeln und bei Bedarf im richtigen Moment zu intervenieren.

Ob als Freund, Partner, Elternteil, Berater, Trainer, Therapeut, oder Lehrender – in jeder denkbaren Konstellation werden in der heutigen Gesellschaft Menschen mit persönlicher Wirkkraft und tiefer Kenntnis um die Seele des Menschen gebraucht. Die Welt ist so vielfältig wie die Anzahl der Wesen, die in ihr leben. Und ebenso vielseitig sind die Möglichkeiten, andere Menschen darin zu fördern, persönliche Exzellenz zu erlangen. Diese wichtige Aufgabe zu übernehmen ist ein verantwortungsvoller Beitrag zum Leben in der heutigen Zeit, in der viele Menschen im Prozess des gesellschaftlichen Wandels auf der Suche nach sich selbst sind. Dabei brauchen sie Ansprechpartner, Ratgeber, Freunde, Vertraute und manchmal auch professionell geschulte Begleiter und Vorbilder.

Mit diesem auf Erkenntnissen der Humanistischen Psychologie, den Lerntheorien, der modernen Kommunikationstheorie und der Positiven Psychotherapie basierenden Qualifizierungsangebot wenden wir uns bevorzugt an Fachkräfte und Studierende psychosozialer, medizinischer und pädagogischer Berufsgruppen sowie an Personen, die in beratenden bzw. therapeutischen Berufen tätig sind oder tätig werden wollen und die ihre Kenntnisse und Fähigkeiten in Selbsterfahrung, Kurzzeitberatung, Konfliktmoderation, Teamentwicklung, Therapie oder Supervision weiter professionalisieren wollen.

Literaturempfehlung

Förderung persönlicher Potenziale in der Erwachsenenbildung, Oda Roznowski, Logos Verlag Berlin, ISBN 978-3-8325-2364-0

Kontakt

www.dieterjarzombek.eu

Hamburger Zentrum für Positive Psychotherapie (HZPP)

Positive und Transkulturelle Psychotherapie ist eine Form der Psychotherapie, die auf psychodynamischer Grundlage unter Einbeziehung der interkulturellen Forschung und einem humanistischen und ganzheitlichen Menschenbild entwickelt wurde. Positive und Transkulturelle Psychotherapie ist ressourcenorientiert und konfliktzentriert.

Das Wort „positiv" im Kontext der Positiven Psychotherapie leitet sich vom lateinischen Begriff „positum" = das Tatsächliche, das Vorgegebene ab. Tatsächlich und vorgegeben sind nicht nur die Konflikte und Störungen, sondern auch die Fähigkeiten, Chancen und Möglichkeiten, die jeder Mensch mitbringt.

Die Methodik der Positiven und Transkulturellen Psychotherapie wird seit 1968 von Prof. Dr. Nossrat Peseschkian (1933–2010) und seinen Kolleg*innen und Mitarbeiter*innen in Deutschland entwickelt und mittlerweile in über 20 Nationen weltweit erfolgreich praktiziert. In zahlreichen Ländern ist die Positive und Transkulturelle Psychotherapie als Postgraduierten-Fortbildung offiziell anerkannt.

Kontakt www.hzpp.de

Thomas Erbskorn-Fettweiss

- Diplompsychologe
- Psychotherapeut
- Persönlichkeitstrainer
- Organisationsberater
- Coach & Supervisor

Schon seit 1989 arbeitet Thomas Erbskorn-Fettweiß als Psychotherapeut und in der Beratung und Supervision von Organisationen mit ihren Fachteams und Führungskräften. Er ist unter anderem Trainer und Supervisor im Self-Effectiveness-System (SES) nach Dieter Jarzombek und Master of Positive and Transcultural Psychotherapy nach Prof. Dr. Nossrat Peseschkian sowie Supervisor auf Basis dieses Verfahrens. Er ist Referent in der Erwachsenenbildung, Prozessberater im Betrieblichen Gesundheitsmanagement und engagiert sich schon sein ganzes Berufsleben lang für ganzheitliche Persönlichkeitsentwicklung und interkulturelle Verständigung. Im Rahmen der Cor Coaching GmbH und des Hamburger Zentrums für Positive und Transkulturelle Psychotherapie (HZPP) bildet er in Hamburg mit seinen Kolleginnen und Kollegen Coaches, Supervisorinnen und Supervisoren aus. Bis 2011 war er als Dozent für die Europa-Universität Viadrina im Bereich interkultureller Kommunikation und Konfliktlösung tätig, zuletzt für das Center for International Studies in Minsk/Belarus. Als Fachautor veröffentlichte er Bücher und Beiträge über Mitarbeiterbeurteilung in der Pflege, Konfliktmanagement, Supervision und Ökotherapie.